免税事業者との取引条件見直しの実務

独禁法・下請法・フリーランス法への対応

弁護士法人日本クレアス法律事務所
弁護士
向笠太郎

岩田合同法律事務所
弁護士
石川哲平 著

中央経済社

はしがき

消費税法が改正され，令和５年（2023年）10月１日からインボイス制度の運用が開始されました。それと相前後して，「仕入先がインボイス制度導入後も免税事業者の場合，仕入税額控除ができなくなるから，その分仕入価格を下げたいのですが，可能でしょうか。」，「仕入先が免税事業者のままなら，別の業者に切り替えたいのですが，問題ありませんか。」といったように，免税事業者である仕入先との取引条件の見直しについてのご相談をお受けするようになりました。

このように，実務的には，インボイス制度を契機とした取引条件の見直しというのは，１つのトピックであると思いますが，管見の限りでは，この点を解説している書籍は，多くはないように見受けられます。他方で，インボイス制度は，経過措置が設けられているために状況が刻々と変化していきますので，それに伴い，取引条件の見直しに関する相談は，今後も出てくるものと思われます。

以上のようなことから，インボイス制度と取引条件の見直しについて特化した解説書が必要ではないかと思い，本書を執筆するに至りました。

本書の特長は，まず，執筆メンバーの構成にあります。

インボイス制度自体は，直接的には消費税法上の問題ですが，取引条件の見直しに際しては，競争法（独禁法など）の視点が重要となります。つまり，インボイス制度と取引条件の見直しは，消費税法だけでなく，競争法の視点からも検討していく必要があるといえます。

そのため，本書は，東京国税不服審判所での勤務経験のある向笠と，公正取引委員会での勤務経験のある石川が，それぞれの知識や経験を踏まえて議論を交わしながら執筆しました。これにより，本書は，わかりやすさを重視しつつも，租税法と競争法双方の視点から深い検討がなされており，非常に充実した内容となっていると自負しています。

２つ目の特長は，実務での使いやすさを意識したという点にあります。

本書は，３章構成となっており，第１章で消費税法やインボイス制度について，本書を読み進めるに当たって必要となる基本的な内容の解説を行っています。次に，第２章では，独禁法，下請法及び建設業法に加え，令和６年(2024年）11月施行のフリーランス法（特定受託事業者に係る取引の適正化等に関する法律）について解説をしています。これらの解説に当たっては，インボイス制度との関係が深いものにとどめ，また，日頃これらの法律に触れることのない読者の方々にとってもわかりやすい解説となるよう心掛けました。そして，第３章では，第１章と第２章の解説を踏まえ，仕入先（受注者）が免税事業者であることを理由とした取引価格の減額をはじめとする，取引条件の見直しの可否について解説を行っています。

いずれの章もＱ＆Ａ形式で論点を明確にするとともに，実務家の方からは，「○頁と同様です。」，「○頁をご覧ください。」という引用が多いと，あちこち読む必要があって大変だという声をお寄せいただくことがあるので，特にメインパートである第３章は，可能な限り上記のような引用を避け，設例とその解説を読めば理解できる，という形にしています。

本書は，競争法について普段馴染みのない方にもわかりやすく読みやすいことを意識していますので，取引先との関係で思い悩むことがある際にご参考にしていただければ幸甚です。

最後になりますが，お世話になった方々にこの場を借りて御礼を申し上げたいと思います。

タックスロイヤーであり消費税法についても深い見識をお持ちの安田雄飛弁護士には，第１章について有益なご示唆を多くいただきました。安田弁護士にもこの場を借りて厚く御礼申し上げます。

また，本書の草稿をお読みいただいた方々からも，多数の貴重なご意見をいただきました。深く御礼申し上げます。

本書の出版に当たっては，中央経済社実務書編集部の川上哲也さんに大変お世話になりました。本書は，構想から出版に至るまでが，通常の書籍に比べて非常に短い期間でしたが，それにもかかわらず，フリーランス法施行のタイミングで出版できたのは，川上さんの並々ならぬご尽力の賜物です。心から御礼申し上げます。

令和6年9月

向笠　太郎
石川　哲平

目　次

第3章　免税事業者との取引条件見直しの実務

凡　　例

公取委	公正取引委員会
中企庁	中小企業庁
厚労省	厚生労働省
国交省	国土交通省
独禁法	私的独占の禁止及び公正取引の確保に関する法律
優越ガイドライン	公正取引委員会「優越的地位の濫用に関する独占禁止法上の考え方」（平成22年11月30日，最終改正：平成29年６月16日）
優越パブコメ	公正取引委員会「「優越的地位の濫用に関する独占禁止法上の考え方」（原案）に対する意見の概要とこれに対する考え方」（平成22年11月30日）
下請法	下請代金支払遅延等防止法
下請法運用基準	公正取引委員会「下請代金支払遅延等防止法に関する運用基準」（平成15年12月11日，最終改正：令和６年５月27日）
講習会テキスト	公正取引委員会・中小企業庁「下請取引適正化推進講習会テキスト」（令和５年11月）
フリーランス法	特定受託事業者に係る取引の適正化等に関する法律
フリーランス法と独禁法及び下請法との適用関係等の考え方	公正取引委員会「特定受託事業者に係る取引の適正化等に関する法律と独占禁止法及び下請法との適用関係等の考え方」（令和６年５月31日）
フリーランス法パブコメ	公正取引委員会・厚生労働省「「特定受託事業者に係る取引の適正化等に関する法律施行令（案）」等に対する意見の概要及びそれに対する考え方」（令和６年５月31日）
取引条件見直しＱ＆Ａ	財務省・公正取引委員会・経済産業省・中小企業庁・国土交通省「免税事業者及びその取引先のインボイス制度への対応に関するＱ＆Ａ」（令和４年１月19日，令和４年３月18日改正）
インボイスＱ＆Ａ	国税庁「消費税の仕入税額控除制度における適格請求書等保存方式に関するＱ＆Ａ」（平成30年６月，令和６年４月改訂）
インボイス注意事例	公正取引委員会「インボイス制度の実施に関連した注意事例について」（令和５年５月）
３法	独禁法，下請法及びフリーランス法

第 *1* 章

消費税制度・インボイス制度の基礎

インボイス制度下における適切・適法な取引条件見直しがどのようなものかを理解するに当たっては，そもそも，インボイス制度やその前提としての消費税制度について最低限度の知識が必要と考えます。

そこで，第１章では，本書を読み進めるに当たっての基礎知識を得ていただくべく，消費税制度とインボイス制度について解説を行いたいと思います。

Ⅰ　消費税制度

Q 1　消費税制度の仕組みと特徴

インボイス制度を理解する前提として，消費税制度の仕組みを簡単に説明してください。

A　消費税は，商品の販売，サービスの提供といった消費に対して課税されるものです。消費税の特徴は，納税義務者は事業者であるものの税額転嫁により実質負担者が消費者である点と，消費税の累積排除のために仕入税額控除が認められている点にあるといえます。

解説

(1)　消費税制度

インボイス制度とは，令和５年（2023年）10月１日から運用が開始された制度です。この制度は，消費税制度の仕入税額控除に大きく関係しますので，インボイス制度について説明を行う前に，そもそも，消費税について簡単に説明をしたいと思います。

消費税は，商品，製品の販売やサービスの提供などの取引に対して広く公平に課税されるものです[1]。納税義務者は，①国内において課税資産の譲渡等（消費税法２条１項９号）や特定課税仕入れといったことを行った事業者（同法５条１項）と，②保税地域から外国貨物を引き取った者です（同条２項）。

本書では①を中心に考え，「納税義務者＝事業者」と捉えることにします。

1　国税庁ウェブサイト「消費税のしくみ」参照。なお，金子宏『租税法〔第24版〕』（弘文堂，2021年）801頁には，消費税が物品やサービスの消費に担税力を認めて課される租税である，とあります。

(2) 消費税制度の仕組みの特徴

消費税制度の仕組みの大きな特徴として，税額転嫁と仕入税額控除が挙げられます。

① 税額転嫁

まず，税額転嫁についてご説明します。先ほど，消費税の納税義務者は事業者であると述べましたが，「事業者ではない自分もスーパーで消費税を支払っているのでは」という疑問を持たれた方もいらっしゃるかもしれません。これは，消費税の１つ目の特徴である税額転嫁と関係します。

すなわち，消費税制度は，「消費に広く薄く負担を求め」る（税制改革法４条１項）ということから，「円滑かつ適正に転嫁する」ことが前提とされています（同法11条１項）。つまり，納税者は事業者ですが，生産，流通，販売の各過程において，取引価格に消費税を織り込んで販売し，次の取引相手に税負担をさせることで，最終的に消費者に税負担を転嫁することが予定されています。

【図１】

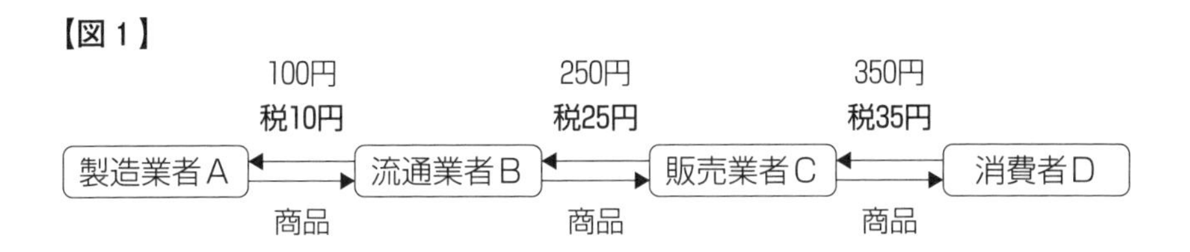

たとえば，**図１**で，製造業者Ａ社が商品を流通業者Ｂ社に100円で販売する際，消費税10円と合わせて110円とすることで，Ａ社はＢ社に税負担10円を転嫁します（税率は，10％を前提とします。以下も同じです。）。同様に，流通業者Ｂ社は販売業者Ｃ社に250円で販売する際，消費税込み275円で販売して税負担25円を転嫁します。さらに，販売業者Ｃ社は消費者Ｄに350円で販売する際，消費税込み385円で販売して税負担35円を転嫁します。

このように，消費税は，各取引段階において販売価格に織り込まれ，順次転嫁されていくことで，最終的には，消費者が負担することとなるのです。なお，消費税のように，納税者と税の負担者が一致しない税金を間接税と呼び，所得税や法人税のように，納税者と税の負担者が一致するものを直接税と呼びます。

② 仕入税額控除

以上が消費税の１つ目の特徴である税額の転嫁ですが，このままでは消費税が累積してしまい，一連の取引において消費税が何度も納税されることになってしまいます。上記の例でいえば，Ｂ社は，Ｃ社から受け取った消費税25円を納税するとした場合，そのうちの10円分はもともとＡ社から転嫁された負担分です。つまり，Ｂ社としては，自らが納税すべき15円を支払えば足りるにもかかわらず，25円納税してしまうと，Ａ社から転嫁された負担分の10円も納税することとなります。そうすると，Ａ社自身も10円納税しますので，Ａ社が納税すべき分については二重で納税することとなってしまいます。

このような消費税の累積を排除し，適正な納税額を納付できるようにするためのものが，仕入税額控除です（消費税法30条）。

先ほどの例でいえば，Ｂ社は，Ｃ社から受け取った消費税25円のうち，Ａ社に支払った10円を差し引いた15円を税務署に納税すればよい，ということになります。また，Ｃ社は，Ｄから受け取った消費税35円のうち，Ｂ社に支払った25円を差し引いた10円を納税すればよい，ということになります（**図2**参照）。

【図２】

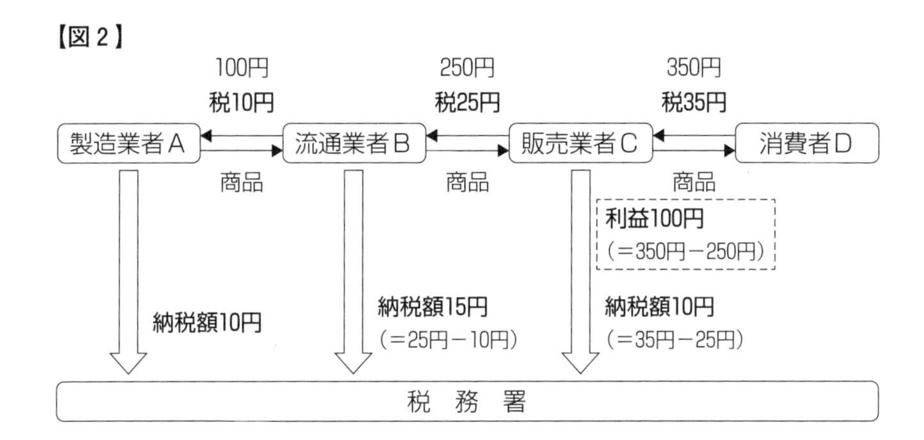

③　仕入税額控除についての注意点

以上が消費税の仕組みにおいて重要な税額転嫁と仕入税額控除です。ただ，仕入税額控除は無条件で認められるわけではなく，原則として帳簿とインボイス（インボイス制度実施前は請求書）の保存が必要（消費税法30条７項）といった条件があります[2]。この条件を満たさない場合には，仕入税額控除ができませんので，その点はご注意ください。

2　インボイスの交付義務が免除される３万円未満の公共交通機関による旅客の運送など，例外的に帳簿のみの保存で仕入税額控除が認められる取引もあります（消費税法30条７項括弧書，同法施行令49条１項，同法施行規則15条の４）。また，基準期間（**Q２**参照）の課税売上高が１億円以下であるなど，一定の事業者は，令和５年（2023年）10月１日から令和11年（2029年）９月30日までの間に行う消費税込み１万円未満の取引については，取引先がインボイス発行事業者（詳細については，**Q６**，**Q７**をご参照ください。）であるかどうかにかかわらず，インボイスの保存がなくても仕入税額控除が可能です（少額特例。平成28年改正法附則53条の２，平成30年改正施行令附則24条の２第１項）。

Q２　消費税の課税事業者・免税事業者とは

消費税の納税義務者である事業者についてもう少し詳しく説明してください。また，どのような場合に免税事業者となるかも説明してください。

A　消費税の納税義務者である事業者は，消費税法上，法人と，規模の大小を問わず反復・継続・独立して経済活動を行う個人事業者ですが，基準期間（前々事業年度又は前々年）の課税売上高が1,000万円以下の場合，免税事業者となります。

解説

(1)　消費税法上の事業者とは

消費税法５条１項は，「事業者は，国内において行つた課税資産の譲渡等……につき，この法律により，消費税を納める義務がある。」と規定しています。この「事業者」とは「個人事業者及び法人」をいい（消費税法２条１項４号），「個人事業者」とは「事業を行う個人」をいう（同項３号）とされています。

そして，個人事業者が行う「事業」の意義について，裁判例は，「消費税の趣旨・目的に照らすと，消費税法の『事業』の意義内容は，所得税法上の『事業』概念と異なり，その規模を問わず，『反復・継続・独立して行われる』ものであるというべきである。」と判示しています[3]。

所得税法上は，同じような経済活動であっても，社会通念上事業といえな

3　富山地判平成15年５月21日税資253号順号9349。控訴審判決（名古屋高金沢支判平成15年11月26日税資253号順号9473）も，この判示内容を維持しています（上告棄却により確定（最決平成16年６月10日税資254号順号9666））。

い場合には，事業所得（所得税法27条１項）ではなく，雑所得（同法35条１項）に該当するとされています[4]。これに対して消費税法上は，所得税法上雑所得に該当するような経済活動であっても，「事業」に当たるということになります。

(2)　免税事業者とは（事業者免税点制度）

①　免税事業者に該当する場合

以上のとおり，消費税法上の「事業」範囲は，所得税法の「事業」範囲に比べて広いですが，一方で，小規模事業者は免税事業者として扱われています。

すなわち，消費税法９条１項本文は，「事業者のうち，その課税期間に係る基準期間における課税売上高が1,000万円以下である者（適格請求書発行事業者を除く。）については，……消費税を納める義務を免除する。」と規定しています。ここでいう「基準期間」とは，個人事業者については前々年，法人については前々事業年度であり（消費税法２条１項14号），また，「課税売上高」とは，個人事業者と基準期間が１年の法人の場合，ざっくりいえば，「基準期間中に国内において行つた課税資産の譲渡等の対価の額」です（同法９条２項）[5]。

個人事業者を例に考えますと，前々年の課税売上高が1,000万円以下であれば免税事業者となります。

ただし，基準期間の課税売上高が1,000万円以下であっても，例外的に納税義務を負う場合がありますので，ご注意ください（消費税法９条の２，12条の２，12条の３）。

4　佐藤英明『スタンダード所得税法〔第４版〕』（弘文堂，2024年）211頁以下

5　正確には，「①－（②－③）」で算出された金額です。

①：基準期間中に国内において行った課税資産の譲渡等の対価の額

②：売上げに係る対価の返還等の金額

③：売上げに係る対価の返還等の金額に係る消費税額に78分の100を乗じて算出した金額

②　課税事業者となることの選択

小規模事業者は，基準期間の課税売上高が1,000万円以下であれば，特に申請をしたりすることなく自動的に免税事業者となります。一方，免税事業者が自らの意思で課税事業者，すなわち，消費税を納める義務のある事業者となることも可能です。

この場合，免税事業者は，納税地を所轄する税務署長に対して「消費税課税事業者選択届出書」を提出する必要があります（消費税法９条４項）。

後にご説明しますとおり，インボイスの発行は課税事業者のみですので，免税事業者がインボイスを発行するには，課税事業者になるという選択をする必要があります（**Q７**参照）[6]。

6　なお，課税事業者選択届出制度自体は，インボイス制度実施前から存在し，免税事業者は仕入税額控除を受けることができないため（消費税法30条１項１つ目の括弧書），実務上，高額な設備投資を行った免税事業者が仕入税額控除の適用を受け，消費税の還付を受けるために「消費税課税事業者選択届出書」を提出する，ということなどがありました。

Q３　簡易課税制度

簡易課税制度というものを聞いたことがあるのですが，これはどのような制度なのでしょうか。

A　簡易課税制度は，中小事業者の仕入税額控除に係る事務負担に配慮するために設けられたもので，みなし仕入率による控除が可能となります。

解説

⑴　仕入税額控除の難点

Q１のとおり，仕入税額控除は，消費税制度の特徴の１つであり，消費税の累積を排除し，適正な納税額を納付できるようにするために重要な制度です。しかし，そのためには，仕入れに関する情報をしっかりと把握し，消費税法30条１項以下で規定されている計算を行う必要があります。また，帳簿とインボイス（インボイス制度実施前は請求書）を保存しておく必要もあります（消費税法30条７項)。

このようなことは，経理処理をはじめとする事務処理能力が十分とはいえない中小事業者にとっては大きな負担といわざるを得ません。

⑵　簡易課税制度とは

以上のことを踏まえ，中小事業者の納税事務負担に配慮するという観点から，簡易課税制度が設けられています。

具体的には，基準期間の課税売上高が5,000万円以下の事業者が，簡易課税制度の適用を受けようとする課税期間の初日の前日までに，納税地を所轄する税務署長に「消費税簡易課税制度選択届出書」を提出している場合に，みなし仕入率を利用して仕入税額控除の計算ができることとなります（消費税法37条１項）。

みなし仕入率は，以下のとおり，６つの事業区分ごとに定められています（消費税法37条１項１号，同法施行令57条）。

事業区分	みなし仕入率
第１種事業（卸売業）	90%
第２種事業（小売業，農業・林業・漁業（飲食料品の譲渡に係る事業に限る））	80%
第３種事業（農業・林業・漁業（飲食料品の譲渡に係る事業を除く），鉱業，建設業，製造業，電気業，ガス業，熱供給業および水道業）	70%
第４種事業（第１種事業，第２種事業，第３種事業，第５種事業および第６種事業以外の事業）	60%
第５種事業（運輸通信業，金融業および保険業，サービス業（飲食店業に該当するものを除く））	50%
第６種事業（不動産業）	40%

（出所） 国税庁タックスアンサーNo.6505「簡易課税制度」

この結果，簡易課税制度を選択した中小事業者は，受け取った消費税から，当該消費税額にみなし仕入率を乗じた額を控除することができることになります。たとえば，中小事業者が卸売業（第１種事業）であり，仕入れた商品を1,000円（消費税込み1,100円）で販売した場合，以下のとおり90円を控除できるので，10円を納税すればよいことになります。

100円－100円×90％＝10円

簡易課税制度を選択した中小事業者は，少なくとも仕入税額控除との関係では，帳簿を保存する必要はなく[7]，また，仕入先からインボイスを受け取る必要もないということになります。

7 ただし，事業者としての帳簿保存義務はあります（消費税法58条）。

Q4　標準税率と軽減税率

消費税は，標準税率が10％で，軽減税率が８％と認識していたのですが，消費税法を見ると，標準税率が7.8％で，軽減税率が6.24％とあるように思います。これはどのように理解すればよいのでしょうか。また，軽減税率についても簡単に説明してください。

A　「消費税が10％」であると聞くこともありますが，正確には，「消費税と地方消費税を合わせたものが10％」であるということになります。標準税率の場合，消費税7.8％に地方消費税2.2％を合わせて10％となり，軽減税率の場合，消費税6.24％に地方消費税1.76％を合わせて８％となります。

解説

(1)　標準税率

日常生活において，消費税率は10％と認識している方がほとんどであると思います。ところが，消費税法29条１号は，消費税の税率を100分の7.8，つまり7.8％と規定しています。

このように，消費税率については，一見すると条文と現実との間にズレがあるように思うのですが，そうではなく，地方消費税の税率を合わせて考慮する必要があります。

すなわち，地方税法は，地方消費税については，消費税額を課税標準額とし（地方税法72条の82），地方消費税の税率は，78分の22と規定しています（同法72条の83）。消費税の税率7.8％を前提にしますと，地方消費税の税率は，2.2％（＝7.8％×22／78）となり，これを消費税の税率7.8％と合わせると10％になります。

このように，「消費税が10%」であるというのは，正確には「消費税及び地方消費税を合わせたものが10%」であるということになります。

(2) 軽減税率

ところで，平成28年度税制改正により軽減税率制度が導入され，令和元年（2019年）10月から施行されました。軽減税率が適用されるのは，「軽減対象課税資産の譲渡等」であり（消費税法29条２号），具体的には，①酒類，外食，消費者が指定した場所において行う飲食料品の提供（いわゆるケータリング等）を除く飲食料品の譲渡，②１週に２回以上発行する新聞の定期購読契約に基づく譲渡です（同法２条１項９号の２，別表第一）[8]。

この消費税の軽減税率は，100分の6.24，つまり6.24%ですが，地方消費税の税率1.76%（＝6.24%×22／78）を合わせると８%となります。

(3) 本書での呼び方

以上のように，「消費税の税率が10%」，「軽減税率が８%」などというのは，若干不正確であり，正確を期すのであれば，「消費税の税率と地方消費税の税率を合わせると10%」，「軽減税率が適用される場合の消費税の税率と地方消費税の税率を合わせると８%」などとなります。しかし，本書では，説明の便宜上，「消費税の税率10%」，「軽減税率８%」などと日常生活の場合と同様の表現をすることにします。

8　国税庁タックスアンサー№6102「消費税の軽減税率制度」

Q5 益　税

「消費税の益税」という言葉を聞くことがあるのですが，この益税というのは，具体的にどのようなものでしょうか。

A 益税とは，事業者が，取引先から受け取った消費税相当額を納税することなく自分自身の利益とすることをいいます。法律用語ではないため，消費税法のどこにも規定されていませんが，実務上生じるものです。

解説

益税とは，事業者が，取引先から受け取った消費税相当額を納税することなく自分自身の利益とすることをいいます[9]。これが具体的に生じる場面を，以下の2つのケースで見たいと思います。

(1) ケース1：免税事業者において益税が発生する場合

ここでは，図の販売業者Yに注目してください。

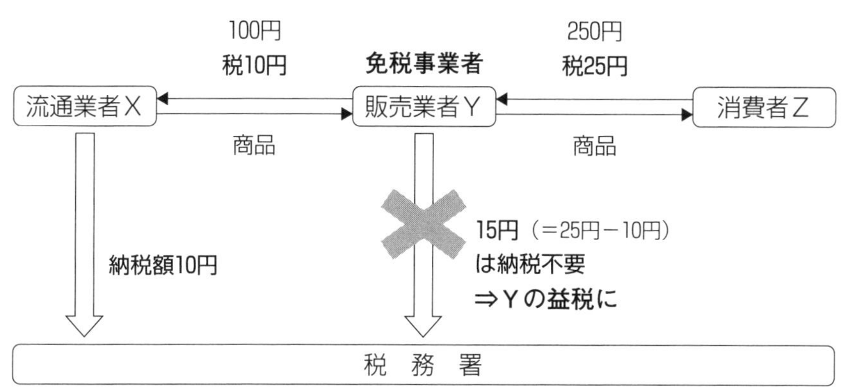

9　佐藤英明＝西山由美『スタンダード消費税法』（弘文堂，2022年）34頁

仮にYが課税事業者であれば，Yは，消費者Zから受け取った消費税25円から，流通業者Xに支払った消費税10円を仕入税額控除した15円を納税する必要があります。ところが，Yは免税事業者ですので，この15円を納税する必要がありませんし，また，消費税法上，これをZに返還することが求められているわけでもありません。

その結果，Yはこの15円を利益として受け取ることができ，Yに益税が発生することになります。

(2) ケース２：簡易課税選択事業者において益税が発生する場合

たとえば，小売業者Xにおいて，ある課税期間の課税売上高が2,200万円（消費税額200万円）で，仕入額が1,650万円（消費税額150万円）であった場合に，簡易課税制度を選択しなかったときと選択したときを比較すると，以下のようになります。

	控除対象仕入税額	納税額
簡易課税選択せず	150万円	50万円
簡易課税選択する	200万円×みなし仕入率 ＝200万円×80％ ＝160万円	40万円

※　Xが小売業者のため，みなし仕入率は80％となる（**Q３**参照）

Xは，簡易課税制度を選択しなければ，50万円を納税しなくてはならないところ，簡易課税制度を選択すると，40万円納税すれば足ります。そして，消費税法上，この差額の10万円を購入者（消費者）に返還することは求められていません。

その結果，Xはこの10万円を利益として受け取ることができ，Xに益税が発生することになります。

Ⅱ　インボイス制度

Q6　インボイス制度の概要

インボイス制度について，その概要を説明してください。

A　インボイス（適格請求書）とは，売手側が買手側に正確な適用税率や消費税額などを伝えるもので，買手側は，仕入税額控除の適用を受けるために，原則として，売手側から交付を受けたインボイスの保存等が必要となります。

解説

(1)　インボイス制度導入の経緯

インボイス（消費税法上「適格請求書」といいます（消費税法30条１項参照）。）については，すでに実際のものをご覧になっているかと思いますが，従来の請求書に取って代わるものです。

インボイス制度は，平成28年度税制改正により，軽減税率制度の導入と併せて導入されました。すなわち，標準税率（10％）と軽減税率（８％）が併存する複数税率制度の下で適正な課税を確保するためには，売手側における適用税率の認識と仕入側における適用税率の認識を一致させる必要があることから，売手側に必要情報を記載したインボイスの発行が義務付けられることとなりました[10]。

このように，インボイスは，売手側が買手側に対して必要情報を伝えるための手段であり，従来の請求書と異なり，登録番号（Ｔ番号），適用税率や税率ごとに区分した消費税額等を記載する必要があります（消費税法57条の

10　波戸本尚ほか『改正税法のすべて〔平成28年版〕』（大蔵財務協会，2016年）808頁

4第1項)。必要情報が記載されていればよいことから，名称は特に関係なく，「請求書，納品書その他これらに類する書類」とされています。

また，小売業，飲食店業，タクシー業，駐車場業のように，不特定多数の者に対して販売等を行う取引においては，インボイスに代えて簡易インボイス（「適格簡易請求書」）を交付することができるとされています（消費税法57条の4第2項，同法施行令70条の11)。

インボイス及び簡易インボイスのイメージは，以下のとおりです。

適格請求書

① 適格請求書発行事業者の氏名又は名称及び登録番号
② 取引年月日
③ 取引内容（軽減税率の対象品目である旨）
④ 税率ごとに区分して合計した対価の額（税抜き又は税込み）及び適用税率
⑤ 税率ごとに区分した消費税額等※
⑥ 書類の交付を受ける事業者の氏名又は名称

適格簡易請求書

① 適格請求書発行事業者の氏名又は名称及び登録番号
② 取引年月日
③ 取引内容（軽減税率の対象品目である旨）
④ 税率ごとに区分して合計した対価の額（税抜き又は税込み）
⑤ 税率ごとに区分した消費税額等※又は適用税率

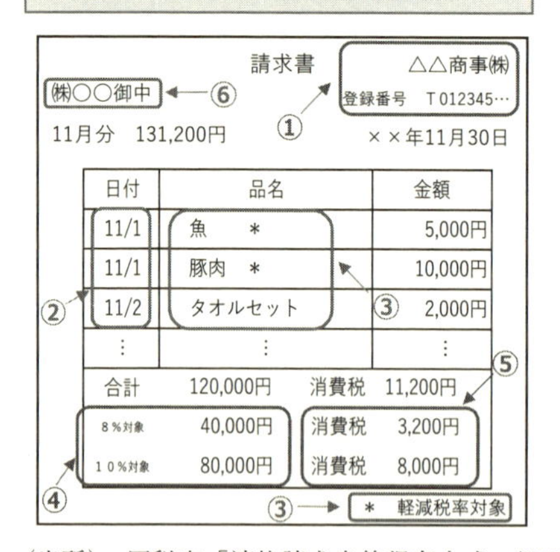

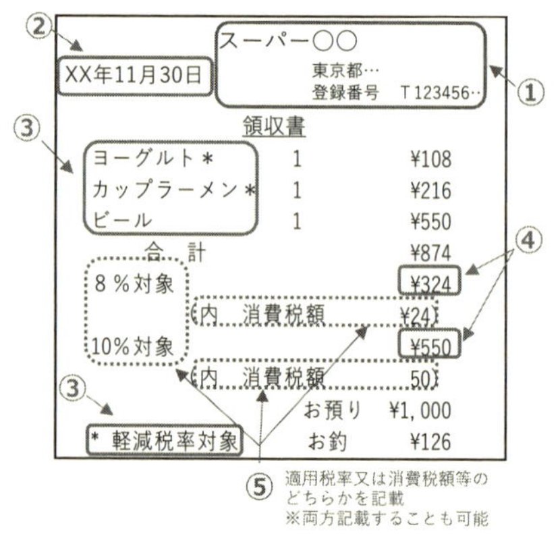

（出所）　国税庁「適格請求書等保存方式の概要—インボイス制度の理解のために—」（令和5年7月）5頁

(2)　インボイス制度と仕入税額控除

以上のような経緯で導入されたインボイス制度ですが，複数税率制度の下での適正な課税を確保するためには，インボイスの保存を仕入税額控除の適用要件とする必要もあります。

そのため，仕入税額控除の適用要件についても，インボイス制度実施前は，①納税者（事業者）が作成する法定事項が記載された帳簿と②仕入先が発行する請求書等の保存とされていたところ（旧消費税法30条７項），現在は，①の帳簿と②′仕入先が発行するインボイスの保存となりました（現行消費税法30条７項）[11]。

したがいまして，仕入先がインボイス発行事業者ではない場合，原則として仕入税額控除ができない，ということとなります。

11　厳密には，②′には，仕入先ではなく仕入元が作成する「仕入明細書，仕入計算書その他これらに類する書類」で一定事項が記載されているものも含まれます（消費税法30条９項３号，同法施行令49条４項）。消費税法30条７項が「請求書」ではなく「請求書等」としているのも，そのような理由によります。

Q７　免税事業者がインボイスを発行するには

免税事業者はインボイスの発行ができないと聞いたのですが，本当でしょうか。免税事業者がインボイスを発行できるようにするにはどうすればよいのでしょうか。

A　免税事業者はインボイスの発行ができません。免税事業者がインボイスを発行するには課税事業者となることを選択する必要があります。

解説

⑴　インボイスを発行できる事業者

インボイスの発行を行うには，納税地を所轄する税務署長に「適格請求書発行事業者の登録申請書」を提出し，インボイス発行事業者としての登録を受ける必要があります（消費税法57条の２第１項，２項）。

ただし，この登録を受けることができる事業者から免税事業者は除かれていますので（消費税法57条の２第１項括弧書），免税事業者はインボイスを発行できない，ということになります。

⑵　免税事業者がインボイスを発行するためには

免税事業者がインボイスを発行できるようにするには，免税事業者の地位を放棄する，すなわち，課税事業者となることを選択する必要があります（**Q２**参照）。

仕入元からすれば，仕入先が免税事業者のままでは仕入税額控除ができませんので，仕入先において課税事業者を選択し，インボイス発行事業者としての登録を望むことも考えられます。ただ，免税事業者が課税事業者となれば，免税事業者は，消費税額を計算して確定申告を行い，これまで益税として処理できていたものを納税することになります。

そのため，免税事業者からすれば，インボイス発行のために免税事業者としての地位を放棄するかどうかは重大な決断になるといえます。

なお，仕入元が仕入先に対して，インボイスが発行できるように課税事業者になることを要請するだけでなく，課税事業者にならなければ取引価格を引き下げるなどと一方的に通告しますと，優越的地位の濫用（独禁法違反），下請法違反やフリーランス法違反となり得ますので，ご注意ください（詳しくは第３章でご説明します。）。

Q 8　免税事業者との取引の仕入税額控除

仕入先が免税事業者でインボイスを発行できない場合，仕入税額控除が一切認められないのでしょうか。

A　仕入先がインボイスを発行できない免税事業者であったとしても，令和８年（2026年）９月30日までは仕入税額相当額の80％，同年10月１日から令和11年（2029年）９月30日までは仕入税額相当額の50％を仕入税額とみなして控除ができます。

解説

(1)　仕入先が免税事業者の場合に関する経過措置

Q 6のとおり，インボイス制度がスタートした令和５年（2023年）10月１日以降は，仕入税額控除を行うためには，仕入先が発行するインボイスが原則として必要となります。ただし，経過措置により，インボイス制度のスタートから一定の期間は，仕入先が免税事業者であっても，仕入税額相当額の一定割合を仕入税額とみなして例外的に控除できるとされています（平成28年改正法附則52条，53条）[12]。

経過措置を適用できる期間及び割合は，以下のとおりです。

12　ただし，令和６年度税制改正により，免税事業者からの経過措置対象となる課税仕入額の合計額がその年（個人事業者の場合）又はその事業年度（法人の場合）で税込み10億円を超える場合，10億円を超えた部分の課税仕入れについては経過措置が適用されないこととなりました。この改正は，令和６年（2024年）10月１日以後に開始する課税期間から適用されています（令和６年改正法附則１条３号リ）。

期　間	割　合
インボイス制度のスタートから３年間 (2023.10.1～2026.9.30)	仕入税額相当額の80%
その後の３年間 (2026.10.1～2029.9.30)	仕入税額相当額の50%

⑵　経過措置の適用のために保存すべき帳簿・請求書等

この経過措置の適用を受けるためには，以下のような記載のある帳簿及び請求書等の保存が必要となります。

①　帳簿の記載事項（平成28年改正法附則52条１項，53条１項）

帳簿には，以下のアからエの記載が必要となります。なお，ウに関し，経過措置の適用を受ける課税仕入れである旨の記載としては，「80％控除対象」，「免税事業者からの仕入れ」などの記載が考えられます[13]。

ア　課税仕入れの相手方の氏名又は名称
イ　課税仕入れを行った年月日
ウ　課税仕入れに係る資産又は役務の内容（課税仕入れが他の者から受けた軽減対象課税資産の譲渡等に係るものである場合には，資産の内容及び軽減対象課税資産の譲渡等に係るものである旨）及び経過措置の適用を受ける課税仕入れである旨
エ　課税仕入れに係る支払対価の額

②　請求書等の記載事項（平成28年改正法附則52条２項，53条２項）

請求書等には，以下のアからオの記載が必要となります（電磁的記録を含みます。）。なお，ウの「軽減対象資産の譲渡等である旨」及びエの「税率ごとに合計した課税資産の譲渡等の税込価額」については，受領者が追記する

13　インボイスＱ＆Ａの問113

ことも可能です[14]。

ア　書類の作成者の氏名又は名称
イ　課税資産の譲渡等を行った年月日
ウ　課税資産の譲渡等に係る資産又は役務の内容（課税資産の譲渡等が軽減対象資産の譲渡等である場合には，資産の内容及び軽減対象資産の譲渡等である旨）
エ　税率ごとに合計した課税資産の譲渡等の税込価額
オ　書類の交付を受ける事業者の氏名又は名称

請求書等の記載例は，以下のとおりです。

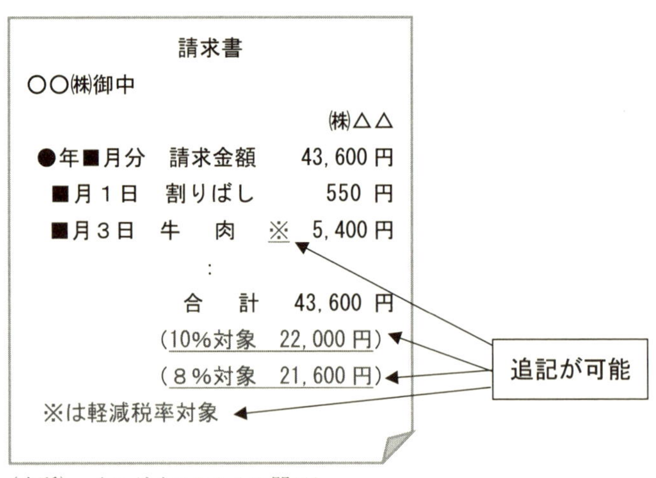

（出所）　インボイスＱ＆Ａの問113

14　前掲注13参照

Q9　2割特例

免税事業者である仕入先にインボイスを発行できるようになってもらいたいのですが，仕入先としては，課税事業者となり，消費税申告が負担となることを懸念しているようです。この点，インボイスを発行するために課税事業者となった事業者には，消費税申告について特別な措置があると聞いたのですが，その内容を教えてください。

A　インボイス制度を契機に免税事業者から課税事業者（インボイス発行事業者）となった事業者の消費税申告業務の負担軽減措置として，仕入税額控除の金額を，当該事業者の売上げに係る消費税額の80％に相当する金額とすることができる制度（2割特例）が設けられています。

解説

(1)　2割特例の概要

①　2割特例とは

Q7で触れたとおり，免税事業者がインボイス発行事業者となるには，免税事業者の地位を放棄し，課税事業者となる必要があります。しかし，そうなると，当然のことながら，消費税の納税義務を負うこととなりますので，申告業務を負担に感じる事業者も多いと思われます。

そのようなことから，インボイス制度を契機として免税事業者からインボイス発行事業者として課税事業者となった事業者にあっては，大まかにいって，仕入税額控除の金額を売上げに係る消費税額[15]の80％とする特別の計算

15　正確には，売上げに係る消費税額から対価の返還等の金額に係る消費税額の合計額を控除した残額の80％です（平成28年改正法附則51条の2第2項）。

方法が許容されています（平成28年改正法附則51条の２第１項，２項)。つまり，これにより，売上げに係る消費税額の20％を納付することでもよいということになります。このため，この特別な計算方法は，「２割特例」と呼ばれています。

② 適用対象者

上記①のとおり，２割特例の対象者は，インボイス制度を機に免税事業者から課税事業者（インボイス発行事業者）となった事業者です。したがいまして，基準期間における課税売上高が1,000万円を超えている場合のように，事業者免税点制度の適用を受けない場合（すなわち，免税事業者に当たらない場合）等は，２割特例の対象とはなりません。

③ 適用期間

２割特例を適用できる期間は，原則として，令和５年（2023年）10月１日から令和８年（2026年）９月30日までの日の属する各課税期間です（平成28年改正法附則51条の２第１項)。ただし，課税期間を１か月又は３か月に短縮している場合のように，適用期間内であっても２割特例の適用が受けられない場合[16]がありますので，その点はご注意ください。

(2) ２割特例の適用方法

２割特例の適用に当たっては，事前の届出のようなものは不要で，消費税の申告時に，確定申告書に２割特例の適用を受ける旨を付記すれば足ります（平成28年改正法附則51条の２第３項)。

また，２割特例は，課税期間ごとに適用するかどうかを選択することができます。

(3) ２割特例適用後の簡易課税制度の選択

上記(1)③のとおり，２割特例は，適用期間が限定されていますので，適用

16 この点についての詳細は，インボイスQ＆Aの問115及び同116をご参照ください。

期間後に消費税申告の負担が大きくなってしまうのは避けたいところであると思います。そこで，２割特例適用後には，簡易課税制度を選択するという方策が考えられます。

この点，**Q３**で述べたとおり，簡易課税制度の適用を受けるには，その適用を受ける課税期間の初日の前日までに「消費税簡易課税制度選択届出書」を提出する必要があります。しかし，２割特例の適用を受けている事業者は，２割特例の適用を受けた課税期間の翌課税期間中に上記選択届出書を提出した場合，その課税期間の初日の前日に提出したものとみなされます（平成28年改正法附則51条の２第６項）。

たとえば，令和８年（2026年）の課税期間に２割特例の適用を受けていた個人事業者は，令和９年（2027年）12月31日までに上記選択届出書を提出すれば，令和９年（2027年）分の申告から簡易課税制度の適用を受けることができます（なお，個人事業者の課税期間は，原則として１月１日から12月31日までの期間です（消費税法19条１項１号）。）。

これに対し，令和８年（2026年）の課税期間に２割特例の適用を受けていなかった個人事業者は，令和９年（2027年）12月31日までに上記選択届出書を提出しても，令和９年（2027年）分の申告から簡易課税制度の適用を受けることはできず，令和10年（2028年）分の申告からとなります。

(4)　仕入先の説得方法

以上のとおり，インボイス制度を機に課税事業者となった場合，２割特例の適用があり，事業者による消費税申告の負担を軽減することが可能といえます。そこで，仕入元が，消費税申告の負担を理由に課税事業者とならない仕入先に対し，２割特例があることを説明するなどして，仕入先の自由意思で課税事業者となるよう促すことはありうるでしょう。

インボイス登録の実態

インボイス制度の運用が開始してから1年ほどが経ちましたが，実際にインボイス登録をした事業者はどれくらいいて，逆に，インボイス登録をしていない事業者はどれくらいいるのでしょうか。

調べてみたところ，そのような観点からのデータは見当たらなかったので，以下のような形で試算をしてみました。すなわち，それぞれの最新データによれば，事業所得者（個人事業主）は約377万者（令和6年3月末時点）[17]，法人は約313万者（令和5年6月末時点）[18]で，合計約690万者となります（いずれも申告ベース）。一方，インボイス発行事業者の登録者数は，約441万者（令和6年2月末時点）[19]のようです。そうすると，事業者のうちインボイス発行事業者として登録しているのは，全体の約63.9%ということになります。逆にいいますと，40%弱の事業者が未登録の可能性がある，ということになります。

この試算は非常に粗いものですので，実際の数値とは異なっている可能性はありますが，現時点においても，未登録の事業者が一定数存在するということは間違いないように思います。

したがいまして，仕入先が免税事業者でインボイスを発行してもらえない，という事態は今後も生じる可能性があり，第3章でご説明するように，免税事業者との取引条件を見直すかどうか，見直すとしてその方法はどうすればよいかは，引き続き重要な論点であるといえます。

17　国税庁「令和5年分の所得税等，消費税及び贈与税の確定申告状況等について（報道発表資料）」（令和6年5月）
18　国税庁「令和4事務年度　法人税等の申告（課税）事績の概要」（令和5年11月）
19　後藤善行＝金井恵美子「インボイス制度開始から半年―現在の状況」税研235号（2024年）1頁

第 2 章

独禁法・下請法・フリーランス法等の基礎

第1章では消費税制度とインボイス制度について解説しましたが，第2章ではインボイス制度との関係に必要な限りで，独禁法（優越的地位の濫用），下請法，フリーランス法及び建設業法について解説します。

Ⅰ　免税事業者との取引で注意すべき規制及び法遵守のプラクティス

Q1　免税事業者との取引で注意すべき規制

当社はインボイス制度実施後においても免税事業者を受注者とする取引を行っていますが，どのような規制に留意すべきでしょうか。

A　免税事業者を受注者とする取引に当たっては，取引の適正化を図るための規制，具体的には独禁法，下請法，フリーランス法及び建設業法に留意する必要があります。これらの法律は，発注者に対し一定の行為を禁止しています。

解説

(1)　留意すべき規制

免税事業者を受注者とする取引に当たって留意すべき法律としては，独禁法，下請法，フリーランス法及び建設業法（以下「4法」ともいいます。）が挙げられます。4法は，取引の適正化を図るための規制を設け，発注者に対し一定の行為を禁止しています。

(2)　独禁法

「独禁法」の正式名称は，「私的独占の禁止及び公正取引の確保に関する法律」です。公正かつ自由な競争を促進することを目的とした法律で，公取委が所管しています。独禁法は，いくつかの行為を禁止していますが，その1つに「優越的地位の濫用」と呼ばれる行為があります。優越的地位の濫用とは，強者が取引相手方である弱者（受注者）から搾取する行為を禁止する規制です。詳細については，後記Ⅱをご参照ください。なお，本書では，「優越的地位の濫用」を「優越的地位濫用」と述べることもあります。

(3)　下請法

「下請法」の正式名称は，「下請代金支払遅延等防止法」です。下請法は，優越的地位濫用規制を補完する法律で，公取委が所管しています。詳細については，後記Ⅲをご参照ください。

(4)　フリーランス法

「フリーランス法」の正式名称は，「特定受託事業者に係る取引の適正化等に関する法律」です。令和６年（2024年）11月１日に新たに施行される法律です。フリーランス法のうち，取引の適正化（同法第２章）については公取委が，就業環境の整備（同法第３章）については厚労省がそれぞれ所管しています。詳細については，後記Ⅳをご参照ください。

(5)　建設業法

「建設業法」は，正式名称も「建設業法」です。建設工事の適正な施工の確保等を目的とする法律で，国交省が所管しています。本書は，インボイス制度実施後の免税事業者との取引につき解説するものですが，その観点からは上記の３法と建設業法では基本的に差異はありません。たとえば，取引条件見直しＱ＆Ａでは，「不当に低い請負代金の禁止」[1]や「不当な使用資材等の購入強制の禁止」[2]につき触れられていますが，３法にも同様の規制があります。建設業法上の「不当に低い請負代金の禁止」に相当するものとして「対価の一方的設定の禁止」，建設業法上の「不当な使用資材等の購入強制の禁止」に相当するものとして「購入強制の禁止」があります。

３法で定められたこれらの規制に違反した場合は，建設業法上も違反となることがほとんどですので，本書では３法を中心に解説します。

1　建設業法19条の３。なお，価格の不当性の判断要素が若干異なります。具体的には，「不当に低い請負代金の禁止」にあっては「通常必要と認められる原価」が基準とされますが，「対価の一方的設定」（買いたたき）にあっては「市場価格」や「従前の対価」が基準とされます。

2　建設業法19条の４

Q2　3法の関係

独禁法，下請法及びフリーランス法の関係について教えてください。

A　3法が，重複的に適用されることは通常ありません。たとえば，独禁法違反のペナルティを受けた場合に，下請法違反のペナルティを重ねて受けることはありません。

解説

3法は，いずれも取引の適正化を目的とした法律であることから，同種の規制を定めており，部分的に重なり合うことがありますが，通常，重複的に適用されることはありません。これらのうちいずれか1つの法律が適用されます[3]。

たとえば，問題となった行為が，独禁法や下請法の両方の観点から違法と評価されるものであったとしても，公取委によって実際に違法であると認定されるのは通常いずれかの1つです。

3　フリーランス法と独禁法及び下請法との適用関係等の考え方1頁，優越パブコメ6頁

Q３　法遵守のプラクティス

法遵守の観点から，免税事業者との取引における対策を教えてください。免税事業者との取引ごとに，３法のうちいずれの法律が適用されるかを確定しなければならないのでしょうか。

A　免税事業者との取引ごとに，３法のうちいずれが適用されるかどうかを厳密に検討するよりも，３法で禁止されている行為を理解した上で，当該行為を避けるといった対策が有効です。

解説

一般論として，独禁法，下請法及びフリーランス法の適用関係については**Q２**のとおりですが，３法のうちいずれが適用されるかどうかの具体的判断は容易ではありません。また，免税事業者との取引に限りますと，**Q５**のとおり，免税事業者に対しては優越的地位が肯定される可能性が類型的に高いといえます[4]ので，少なくとも優越的地位濫用規制には服する可能性が高いといえます。

したがいまして，法遵守の観点からは，３法のうちいずれが適用されるかどうかを厳密に検討するよりも，３法のうちいずれが適用されても違法状態にならないような対策が有効です。具体的には，優越的地位濫用規制の濫用行為，下請法の禁止行為及びフリーランス法の禁止行為（以下総称して「濫用行為等」といいます。）を理解した上で，濫用行為等を避けるのが基本的なプラクティスとなります。

4　発注者が受注者である免税事業者と同程度に小規模事業者であった場合には，発注者の受注者に対する優越的地位が否定されることも考えられますが，その場合でもフリーランス法が適用されることが少なくないと思われます。

Ⅱ　優越的地位濫用

Q4　優越的地位濫用の概要

優越的地位濫用とは，どのような規制ですか。

A　優越的地位濫用とは，強者（発注者）が取引相手方である弱者（受注者）から搾取する行為を禁止する規制です。

読んで字のごとしかもしれませんが，取引の相手方（受注者）に対し「優越的地位」を有する者（発注者）が，その地位を「利用して」，「濫用行為」（「正常な商慣習に照らして不当に」，「不利益」を与える行為）を行った場合に，独禁法上禁止される「優越的地位の濫用」に該当し独禁法違反とされます。

解説

(1)　優越的地位濫用規制の目的等

優越的地位濫用は，強者が取引相手方である弱者から搾取する行為を禁止する規制です。いわば弱い者いじめを禁止する規制です。独禁法において禁止されています（独禁法２条９項５号，19条）。当該行為が行われると，取引の相手方が自由かつ自主的な判断により取引を行うことが阻害されるからです[5]。

(2)　優越的地位濫用と判断される場合

独禁法上禁止される「優越的地位の濫用」は，以下の①～③のすべてを満

5　公取委は，優越的地位濫用規制の趣旨を①取引の相手方の自由かつ自主的な判断により取引が行われるという自由競争基盤を侵害することと，②相手方がその競争者との関係において競争上不利となる一方で，行為者がその競争者との関係において競争上有利となるおそれがあること（間接的競争阻害）の２点から説明しています（優越ガイドライン第１・１）。上記①が主たる根拠ですので，本文では上記①のみ言及しています。

たした場合です。

①　行為者の取引上の地位が相手方に「優越」していること（優越的地位） ②　優越的地位にある者が「正常な商慣習に照らして不当に取引の相手方に不利益」を与えること（濫用行為） ③　濫用行為が優越的地位を「利用」したものであること（因果関係）

本書はインボイス制度と取引条件の見直しについて解説するものですので，以下では，実務上問題となりやすい上記①及び②について説明します[6]。

6　白石忠志『独占禁止法〔第４版〕』（有斐閣，2023年）485頁は，「「利用して」の要件にも適切な注意を払うべき」とします。正論です。

Q5　優越的地位

どのような場合に「優越」していると判断されますか。

A　優越的地位の有無については，取引先変更困難性を中心とする要素の総合考慮によって，受注者（取引の相手方）ごとに個別に判断されます。

免税事業者が小規模事業者であることからしますと，免税事業者を受注者とする取引においては，発注者が「優越」している可能性が類型的に高いといえますので，免税事業者との取引に当たっては，自らが「優越」していることを前提に，「濫用行為」を行わないようにするのが保守的な対応です。

解説

(1)　優越性の判断手法

発注者の受注者に対する優越性の判断は，受注者ごとに個別に行われます。すなわち，「受注者Ａに対しては優越しているが，受注者Ｂに対しては優越していない」などと受注者ごとに異なる結論となることも十分あり得ます。

「優越」しているとは，当該受注者にとって当該発注者との取引継続が困難になることが事業経営上大きな支障を来たすため，発注者が受注者にとって著しく不利益な要請を行っても，受注者がこれを受け入れざるを得ないような場合をいいます[7]。この判断に当たっては，様々な要素が考慮されますが[8]，最も重要な要素は，取引先変更困難性（現在の取引先から代替的な別の取引先へ容易にスイッチできるかどうか）です。

7　優越ガイドライン第２・１

(2) 免税事業者に対する優越性

免税事業者は基準期間における課税売上高が1,000万円以下であり，事業の規模として大きくはありません。また，このような規模の事業者は，多数の事業者と取引をしていることは少なく，特定少数の事業者と取引をしていることが類型的に多いと思われます。このような免税事業者を取り巻く事業環境からしますと，免税事業者としては現在の取引先を変更することは容易ではなく，発注者は受注者である当該免税事業者に「優越」している可能性が類型的に高いといえます。

したがいまして，免税事業者と取引を行うに当たっては，自らが「優越」していることを前提に，**Q６**の「濫用行為」を行わないようにするのが保守的な対応です。

8　優越ガイドライン第２・２は，以下の要素を総合的に考慮するとします。
① 受注者の発注者に対する取引依存度（一般的に，受注者が発注者に対して商品又は役務を供給する取引の場合には，受注者の発注者に対する売上高を受注者全体の売上高で除して算出する）
② 発注者の市場における地位（発注者の市場シェアの大きさ，順位等）
③ 受注者にとっての取引先変更の可能性（他の事業者との取引開始や取引拡大の可能性，発注者との取引に関連して行った投資等）
④ その他発注者と取引することの必要性を示す具体的事実（発注者との取引額，発注者の成長可能性等）

Q 6　濫用行為

どのような場合に「濫用行為」があったと判断されますか。

A　「濫用行為」があったと判断されるのは，受注者（取引の相手方）に対し，あらかじめ計算できない不利益を与える場合や，合理的範囲を超える不利益を与える場合です。たとえば,「対価の減額」や,「対価の一方的設定」(買いたたき）といった行為があります。

解説

「濫用行為」は，受注者（取引の相手方）の自由かつ自主的な判断を阻害する行為です。具体的には，受注者に対し，あらかじめ計算できない不利益を与える行為や，合理的範囲を超える不利益を与える行為です。

あらかじめ計算できない不利益を与える行為は，約束を破る行為とイメージするとわかりやすいかもしれません。たとえば，発注時に一旦定めた対価（発注書記載の金額など）を発注後に減額する「対価の減額」と呼ばれる行為があります。合理的範囲を超える不利益を与える行為は，取引内容が不合理である行為といえます。たとえば，著しく低い対価を一方的に設定する「対価の一方的設定」(買いたたき）と呼ばれる行為があります。

優越的地位濫用規制と下請法規制は厳密には一致していませんが，インボイス制度との関係では**Q11**の下請法の「禁止行為」と「濫用行為」は基本的に同じものであると考えておくことで問題ありません。

Ｑ７　優越的地位濫用のペナルティ

優越的地位濫用規制に違反するとどのようなペナルティがあるのでしょうか。

Ａ　命令（排除措置命令や課徴金納付命令），警告，注意を受ける可能性があります。命令は独禁法違反が認められる場合，警告は独禁法違反のおそれがある場合，注意は独禁法違反につながるおそれがある場合にそれぞれ行われます。また，これらに加え，確約制度があります。

解説

(1)　法定処理

①　命　令

優越的地位濫用規制に違反した事業者は，公取委から排除措置命令[9]や課徴金納付命令[10]を受ける可能性があります。排除措置命令は，当該違反行為を除くために必要な措置を命じるものです。また，課徴金納付命令は，金銭的不利益を課すものです。

②　確　約

確約は，平成28年の独禁法改正によって導入された制度で，独禁法違反の疑いがある行為を公取委と事業者との間の合意によって解決する制度です[11]。近時，優越的地位濫用の執行は，命令ではなく，確約が中心となっています。確約を用いた場合，当該事業者は，公取委から課徴金納付命令を受けることはありません。事業者側にとっては課徴金を課されないといったメリットが，

9　独禁法20条１項
10　独禁法20条の６，18条の２第１項
11　独禁法48条の２等

公取委側にとっては課徴金納付命令を行うための課徴金額の計算の煩雑さから解放されるといったメリットがそれぞれあります。

(2) 法定外処理

① 警　告

警告は，独禁法違反のおそれがある場合に用いられます。

② 注　意

注意は，独禁法違反につながるおそれがある場合に用いられます。

今後，事案の内容次第で命令や警告が行われる可能性もありますが，現時点においては，免税事業者との取引に関する問題事例の執行には，注意が用いられています。公取委は，令和５年度においてインボイス制度の実施に関して40件の注意を行っています[12]。実際に注意が行われた事例の詳細については，第３章やインボイス注意事例（**巻末資料４**）をご覧ください。

(3) 処理の実態

上記のとおり，警告は独禁法違反のおそれがある場合，注意は独禁法違反につながるおそれがある場合に用いられます。これらには，①公取委として，当初は命令を目標としていたものの，証拠等の関係から「違反がある」とまで認定できず，「違反のおそれがある」又は「違反につながるおそれがある」といった程度までしか認定できなかったケースや，②公取委として，政策的観点から，当初から警告や注意で十分であると判断し，「違反のおそれがある」又は「違反につながるおそれがある」との認定に意図的にとどめたケースがあると思われます。なお，確約については，いかなる場合に用いられているかを公表資料から読み取ることは容易ではありませんので，さらなる事例の蓄積を待つ必要があります[13]。

12　公取委「令和５年度　年次報告」140頁

13　当該事業者が公取委に対し当該違反行為の存否につき争う意思を示した場合には，公取委と当該事業者との間で合意を行うことが見込めませんので，少なくとも確約を用いてはいないと思われます。

Q8　公取委による事業者名等の公表

社名が公表されると困りますが，そのようなことはありますか。

A　命令，警告及び確約については，独禁法上問題となる行為をした事業者名等が公取委のウェブサイト上で公表されます。

解説

命令，警告及び確約については，独禁法上問題となる行為をした事業者名や当該行為の内容等が公取委のウェブサイト上で公表されます。他方，注意については，原則として事業者名等は公表されませんが，競争政策上公表することが望ましいと公取委が考え，かつ，事業者名が公表される事業者から公表する旨の了解を得た場合や，違反被疑の疑いをかけられた事業者が自ら公表を望む場合には，例外的に公表されます。

なお，近時，事業者間取引の価格転嫁につき公取委による様々な動きがありますが，その中でも顕著なものとして，転嫁拒否行為を行っている事業者のうち一部の事業者の事業者名の公表（独禁法43条）が挙げられます[14]。

従前は「命令や警告を受けなければ公表はされない」とされていましたが，今後は独禁法43条に基づく事業者名の公表が広く行われる可能性も否定できませんので，この点について公取委の動きを注視する必要があります。

14　公取委「独占禁止法上の「優越的地位の濫用」に関する緊急調査の結果について」（令和4年12月27日），公取委「独占禁止法上の「優越的地位の濫用」に係るコスト上昇分の価格転嫁円滑化の取組に関する特別調査の結果について」（令和5年12月27日），公取委「独占禁止法上の「優越的地位の濫用」に係るコスト上昇分の価格転嫁円滑化に関する調査の結果を踏まえた事業者名の公表について」（令和6年3月15日），公取委「価格転嫁円滑化に関する調査の結果を踏まえた事業者名の公表に係る方針について」（令和5年11月8日）

Ⅲ　下請法

Q9　下請法の概要

下請法とは，どのような法律ですか。

A　下請法は，優越的地位濫用規制を補完する法律で，取引の適正化や下請事業者の保護を目的としています。優越的地位濫用規制と同種の規制を定めています。下請法上の親事業者が下請法上の禁止行為を行った場合には，下請法違反とされます。

解説……………………………………………………………………………………

(1)　下請法の目的等

下請法は，本来優越的地位の濫用として独禁法の適用対象となりうる行為を，簡易かつ迅速な手続により規制するために制定されました（優越的地位濫用規制の補完法）。すなわち，優越的地位濫用の該当性の判断に当たり，優越性や濫用行為につきそれぞれ個別的な認定が必要となりますが，そのような認定を簡易化したものが下請法です。

下請法は，取引の適正化や下請事業者の保護を目的としています。上記のとおり，下請法は優越的地位濫用の補完法ですので，その規制も類似しています。下請法と優越的地位濫用のいずれが適用されるかによって結論が異なることもありますが，インボイス制度実施後における免税事業者との取引の適法性を検討するに当たっては，下請法規制と優越的地位濫用規制を厳密に区別する必要は乏しく，両者は基本的に同じであると考えることで問題ありません。

(2) 下請法違反となる場合

優越的地位濫用の「優越的地位」に相当するものとして，下請法では「親事業者」というものを定めています[15]。親事業者は，下請法で定められた規制を守らなければなりません。親事業者に該当するかの判断は，取引内容と資本金の額の多寡によって行われます。

また，優越的地位濫用の「濫用行為」に相当するものとして，「禁止行為」（**Q11**参照）を定めています。親事業者が「禁止行為」を行うと，下請法違反となります。

15　講習会テキスト４頁。白石忠志「インボイス制度と独禁法・下請法・フリーランス法」ジュリスト1588号（2023年）40頁は，「独禁法における「優越的地位を利用して」に相当する部分を，資本金の額の比較などによって簡易に認定する」としています。

Q10 下請法が適用される取引

どのような場合に下請法が適用されますか。

A 下請法の適用の有無は，①取引の内容（委託取引該当性）と，②発注者と受注者の各資本金額から判断されます。

解説

下請法は，適用対象となる取引につき，取引の内容と資本金区分の両面から定めています。優越的地位濫用規制の「優越的地位」を取引内容と資本金によって擬制したものともいえます。以下で詳しく説明します。

(1) 規制対象となる取引（委託取引）

下請法の規制対象となる取引は「委託」取引に限られます。「委託」とは，給付に係る仕様，内容等を指定して特定の業務を依頼することをいいます[16]。このように仕様等を指定すると類型的に発注者が優越的地位に立ちやすいといった価値判断の下，下請法は「委託」取引を対象としています[17]。

委託取引は，①製造委託（下請法２条１項），②修理委託（同法２条２項），③情報成果物作成委託（同法２条３項），④役務提供委託（同法２条４項）に大別されます。なお，下請法は，④役務提供委託のうち「自家利用役務」（たとえば，社内研修の講師など）は対象としていませんが，**Q14**のとおり，フリーランス法は，下請法が対象としない「自家利用役務」の委託についても規制対象としています。

16　下請法運用基準第２
17　長澤哲也『優越的地位濫用規制と下請法の解説と分析〔第４版〕』（商事法務，2021年）23頁

(2) 資本金区分

以下のとおり，資本金の額（又は出資の総額。以下同じです。）によって区分されています。

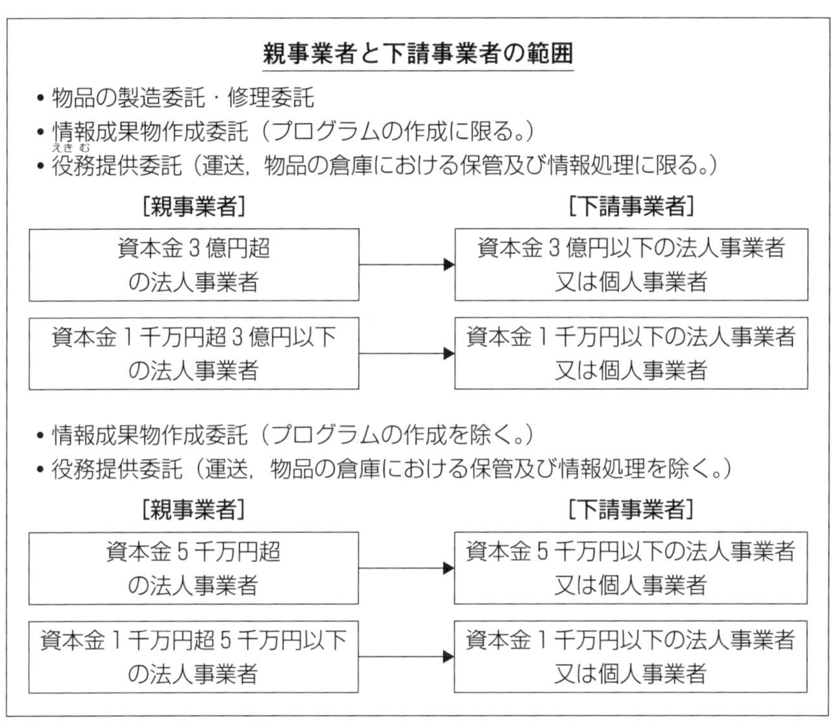

（出所）　講習会テキスト4頁

発注者としては，まず受注者の資本金の額を確認することによって下請事業者に当たりうるかどうかを判断する必要があります。たとえば，受注者の資本金の額が3億円超の場合には，自社の資本金の多寡にかかわらず，当該受注者との取引につき下請法が適用されることはありませんので，下請法に留意する必要はありません。他方，受注者の資本金が1,000万円以下であり，自社の資本金が1,000万円超である場合には，当該受注者は下請事業者に，自社は親事業者にそれぞれ当たり得ますので，下請法につき注意を要します。

Q11　親事業者の禁止行為

下請法上の親事業者はどのような行為が禁止されるのでしょうか。

A　下請法が適用される場合，親事業者は，対価の減額（下請代金の減額），対価の一方的設定（買いたたき）などの所定の行為が禁止されます。

解説

親事業者は，以下の11の行為が禁止されます。

免税事業者との取引において特に問題となりやすい行為は，③下請代金の減額，⑤買いたたき等です。詳細については，**Q17～Q22**をご覧ください。

【下請法禁止行為一覧】

禁止行為	内　容
①受領拒否	発注した商品等の受領を拒むこと。
②下請代金の支払遅延	発注した商品等の受領日から60日以内で定められている支払期日までに下請代金を支払わないこと。
③下請代金の減額	あらかじめ定めた下請代金を減額すること。
④返品	発注した商品等を受領後に引き取らせること。
⑤買いたたき	発注する商品等に通常支払われる対価に比べ著しく低い下請代金を不当に定めること。
⑥購入強制・利用強制	親事業者が指定する商品等を強制的に購入・利用させること。
⑦報復措置	下請事業者が公取委や中企庁へ通報したことを理由に，当該下請事業者に対して，取引停止等の不利益な取扱いをすること。
⑧有償支給原材料等の対価の早期決済	有償で支給した原材料等の対価を，当該原材料等を用いた給付に係る下請代金の支払期日よりも早い時期に支払わせること。
⑨割引困難な手形の交付	一般の金融機関で割引を受けることが困難であると認められる手形を交付すること。
⑩不当な経済上の利益の提供要請	自己のために，金銭，役務その他の経済上の利益を提供させること。
⑪不当な給付内容の変更及び不当なやり直し	注文内容を変更し又は受領後にやり直しをさせること。

（出所）　岩田合同法律事務所編著『公取委・中企庁の動向を踏まえた価格転嫁対策の勘所』（SMBCコンサルティング，2023年）27-28頁をもとに作成

Q12　下請法のペナルティ

下請法上の禁止行為を行うと，どのようなペナルティが課されますか。

A　下請法上の禁止行為を行った場合には，指導又は勧告を受ける可能性があります。勧告を受けた事業者は，事業者名等が公表されます。過去の公表事例からしますと，下請事業者の受けた経済的不利益の総額が1,000万円を超える場合には，勧告相当と判断される傾向にありますが，そうではない場合でも勧告が行われたケースもあります。

解説

親事業者が下請法上の禁止行為（**Q11**参照）を行った場合には，当該親事業者は指導又は勧告を受ける可能性があります[18]。勧告を受けた事業者の事業者名や違反行為の概要等は，公取委のウェブサイト上で公表されます。

指導にとどまるか，それとも勧告に至るのかは，親事業者にとって重要ですが，この点につき公取委が示した明確な基準はありません。過去の公表事例からしますと，下請事業者の受けた経済的不利益の総額が1,000万円を超える場合（たとえば，下請代金の減額が20社に対して行われていた場合には，当該20社に対する減額の合計金額が1,000万円を超える場合）には，勧告相当と判断される傾向にあります[19]が，そうではない場合でも勧告が行われたケース[20]があります。なお，勧告に従わない場合には，独禁法の排除措置命令や課徴金納付命令を受ける可能性があります（下請法８条）。

18　指導は，公取委又は中企庁，勧告（下請法７条）は，公取委によってそれぞれ行われます。
19　長澤・前掲注17・475頁は，当該親事業者が下請法違反を繰り返し行った場合にも言及します。
20　たとえば，工機ホールディングスの件（公取委勧告令和５年３月27日），森永製菓の件（公取委勧告平成31年４月23日）が挙げられます。

Ⅳ　フリーランス法

Q13　フリーランス法の概要

フリーランス法とは，どのような法律ですか。

A　フリーランス法は，フリーランスとの取引につき取引適正化や就業環境整備を目的とした法律です。

取引適正化の観点からしますと，フリーランス法が施行されることによって，これまで下請法の対象外とされてきた取引について下請法と同様の規制が及ぶことになりますので，発注者は当該取引につきフリーランス法の適用がないかどうかを確認する必要があります。フリーランス法の適用がある場合には，フリーランス法上禁止される行為を行うとフリーランス法違反となります。

解説

(1)　フリーランス法の目的等

フリーランス法とは，令和6年（2024年）11月1日に新たに施行される「特定受託事業者に係る取引の適正化等に関する法律」をいいます。「特定受託事業者」はいわゆるフリーランスのことです。

近年，働き方の多様化が進み，フリーランスという働き方が社会に普及してきましたが，一方で，フリーランスに対する報酬の不払など様々な問題が明らかになってきました。そこで，個人であるフリーランスと，組織である発注事業者の間における交渉力などの格差，それに伴うフリーランスの取引上の弱い立場に着目し，フリーランスが安心して働ける環境を整備するために，フリーランス法が制定されました。

フリーランス法は，「取引の適正化」及び「就業環境の整備」につき規律しています。前者につき，公取委が，後者につき，厚労省がそれぞれ所管しています。本書は免税事業者との取引に関する解説を目的としていますので，特定受託業務従事者の就業環境の整備（同法第３章）については割愛することとし，特定受託事業者に係る取引の適正化（同法第２章）について説明します。

(2) フリーランス法違反となる場合等

フリーランス法の規制内容は，下請法のそれに類似しています。フリーランス法は，下請法の「親事業者」に相当するものとして「特定業務委託事業者」[21]，下請法の「下請事業者」に相当するものとして「特定受託事業者」[22]をそれぞれ定めています。「特定受託事業者」はフリーランスのこと，「特定業務委託事業者」はフリーランスへ業務を委託する事業者のことをいいます。

下請法では親事業者が下請法上の禁止行為を行った場合に違反とされますが，フリーランス法では「特定業務委託事業者」がフリーランス法上の禁止行為を行うと違反とされます。フリーランス法の禁止行為と下請法の禁止行為については，**Q15**のとおり若干の差異はありますが，インボイス制度実施後の免税事業者との取引における法遵守の観点からは，両者の禁止行為は基本的に同じであると考えることで問題ありません[23]。

21　フリーランス法２条６項。なお，「特定業務委託事業者」とは別に，「業務委託事業者」という概念もありますが，本書の目的から外れますので，説明を割愛します。

22　フリーランス法２条１項

23　フリーランス法と独禁法・下請法の異同につき解説した文献として，野田学「フリーランス法と独占禁止法・下請法との比較」ビジネス法務24巻10号（2024年）14頁があります。

Q14　フリーランス法が適用される取引

どのような場合にフリーランス法が適用されますか。

A　「組織」である発注者（特定業務委託事業者）が，「個人」であるフリーランス（特定受託事業者）に対し業務委託をする場合には，フリーランス法が適用されます。「個人」は，①事業者である個人であって従業員を使用しないもの又は②代表者１名のみの法人であって従業員を使用しないもので，「組織」は，「個人」でないものです。

発注者の資本金の額が低い場合や，委託内容が自家利用役務である場合には，下請法の対象となりませんが，これらの場合にフリーランス法が適用される可能性がありますので，フリーランス法の適用の有無を確認する必要があります。

解説

(1)　規制対象となる取引（委託取引）

下請法と同様に，フリーランス法は委託取引に適用されます。

もっとも，発注者が自ら用いる役務（自家利用役務）を他の事業者に委託する場合には，下請法の対象とされませんが，フリーランス法では対象とされます。

したがいまして，自家利用役務であることを理由に下請法の適用対象外としていた取引がある場合には，フリーランス法が適用されるどうかを確認する必要があります。

⑵ 組織性（役員・従業員の有無）

下請法は，取引の内容（委託取引）に加え，資本金の多寡に着目して，発注者の優越的地位を擬制しています。

これに対し，フリーランス法は，取引の内容（委託取引）に加え，組織と個人のパワーバランスに着目して優越的地位を擬制しています。言い換えますと，発注者が「組織」であり，かつ，受注者が「個人」である場合（「組織」でない場合）に，フリーランス法が適用されます[24]。「組織」かどうかは，「役員・従業員の有無」によって決まります。具体的には，①事業者である個人であって従業員を使用しないもの又は②代表者１名のみの法人であって従業員を使用しないものが，「個人」に該当します。これに対して，「組織」は，「個人」でないものが該当します[25]。

したがいまして，これまで自社の資本金の額が低いこと（たとえば，資本金1,000万円以下であること）を理由に下請法の適用がないとしていた事業者においては，役員・従業員の有無を理由にフリーランス法が適用されるかどうかを検討する必要があります。

24　厳密には，発注者が「個人」である場合にも，「業務委託事業者」として，フリーランス法の一部が適用されることがあります。

25　個人であって従業員を使用するもの，法人であって代表者１名以外の役員がいるもの又は法人であって従業員を使用するものです。

Q15　特定業務委託事業者の禁止行為

フリーランス法上の特定業務委託事業者はどのような行為が禁止されるのでしょうか。

A　フリーランスに対し業務委託を行う発注者（特定業務委託事業者）は，下請法と同様の行為が禁止されています。ただし，フリーランス法では，「有償支給原材料等の対価の早期決済」及び「割引困難手形の交付」については，フリーランス取引において類型的に問題になりにくいことを踏まえ，禁止されていません。

解説

フリーランスに対し業務委託を行う発注者（特定業務委託事業者）は，下請法と同様の行為が禁止されています。

フリーランス法では，「有償支給原材料等の対価の早期決済」及び「割引困難手形の交付」については，フリーランスとの取引で類型的に問題になりにくいことを踏まえ，禁止行為として定められていません。しかし，「有償支給原材料等の対価の早期決済」及び「割引困難手形の交付」については，インボイス制度実施後の免税事業者との取引における固有の問題とはなりませんので，下請法の規制とフリーランス法の規制は基本的に同じであると考えることで問題ありません。

下請法の規制とフリーランス法の規制を比較しますと，以下のとおりです。

【下請法とフリーランス法の比較表】

違法行為	下請法	フリーランス法
①受領拒否 （発注した商品等の受領を拒むこと）	4条1項1号	5条1項1号
②支払遅延 （支払期日までに対価を支払わないこと）	4条1項2号	4条5項
③減額 （あらかじめ定めた対価を減額すること）	4条1項3号	5条1項2号
④返品 （発注した商品等を受領後に引き取らせること）	4条1項4号	5条1項3号
⑤買いたたき （著しく低い対価を不当に定めること）	4条1項5号	5条1項4号
⑥購入強制・利用強制 （発注者が指定する商品等を強制的に購入させること）	4条1項6号	5条1項5号
⑦報復措置 （公取委や中企庁へ通報したことを理由に，取引停止等の不利益な取扱いをすること）	4条1項7号	6条3項
⑧有償支給原材料等の対価の早期決済 （有償で原材料等を支給した上で，当該原材料等を用いた商品等の代金の支払期日よりも早い時期に当該原材料等の代金を支払わせること）	4条2項1号	× （規制なし）
⑨割引困難手形の交付 （一般の金融機関で割引を受けることが困難であると認められる手形を交付すること）	4条2項2号	× （規制なし）
⑩不当な経済上の利益の提供要請 （自己のために，金銭，役務その他の経済上の利益を提供させること）	4条2項3号	5条2項1号
⑪不当な給付内容の変更及び不当なやり直し （注文内容を変更し又は受領後にやり直しをさせること）	4条2項4号	5条2項2号

Q16　フリーランス法のペナルティ

フリーランス法上の禁止行為を行うと，どのようなペナルティが課されますか。

A　フリーランス法上の禁止行為を行うと，指導や助言，勧告，命令を受ける可能性があります。勧告又は命令を受けた場合には，当該勧告又は当該命令を受けた事業者の名称，違反事実の概要等が公表されます。

解説

フリーランス法上の禁止行為を行うと，指導や助言[26]，勧告[27]，命令[28]を受ける可能性があります。命令は，勧告に従わない場合に行われます。

公表については，下請法と同様です。公取委「特定受託事業者に係る取引の適正化等に関する法律第2章違反事件に係る公正取引委員会の対応について」（令和6年10月1日）によりますと，勧告又は命令（以下「勧告等」といいます。）を行った場合には，当該勧告等を受けた事業者の事業者名や，違反行為の概要等を公表するとされています。これに対して，指導及び助言（以下「指導等」といいます。）については，「必要に応じて，指導等の概要等を公表することがある」とされ，事業者名公表までは行わないこととされています。勧告の基準等を含め今後の執行状況を注視する必要があります。

26　フリーランス法22条
27　フリーランス法8条
28　フリーランス法9条

Ｖ　免税事業者との取引で問題となりやすい濫用行為等

以下では，免税事業者との取引において類型的に問題となりやすい違法類型，具体的には取引条件見直しＱ＆Ａで取り扱われている違反類型について説明します。また，優越的地位濫用規制と下請法及びフリーランス法で解釈が若干異なる場面がありますが，そのような場面につき詳述することは本書の目的から外れますので，主として下請法及びフリーランス法の観点から中心に説明します。

Q17　対価の一方的設定（買いたたき）

「対価の一方的設定」について教えてください。

A　「対価の一方的設定」（買いたたき）とは，通常支払われる対価に比して著しく低い対価を一方的に定めることをいいます。「対価の一方的設定」をしたと判断されないためには，一方的な指値を避けるとともに，対価決定に当たって受注者との間で十分に協議を行うことが重要です。

解説

「対価の一方的設定」とは，通常支払われる対価に比して著しく低い対価を一方的に定めることをいいます[29]。「買いたたき」とも称されます。「対価の一方的設定」が禁止される理由は，それ自体が受注者にとって経営を圧迫するなどといった不利益であり，当該不利益を受注者が被ることを防止する点にあります。

たとえば，以下の行為は違法とされています[30]。

29　独禁法２条９項５号ハ，下請法４条１項５号，フリーランス法５条１項４号
30　下請法運用基準第４・５

- 大量発注を前提にした単価での少量の発注による買いたたき
- 一律一定率の単価引下げによる買いたたき
- 合理性のない定期的な原価低減要請による買いたたき
- 短納期発注による買いたたき

「対価の一方的設定」（買いたたき）に該当するか否かは，①決定された対価それ自体の水準（プライス）と，②対価決定の協議の有無や過程（プロセス）の両面から判断されます[31]。

現在の公取委実務は，上記①に比べて上記②を重視しているといえます。①対価は様々な要素（たとえば，閑散期や繁忙期といった需給関係など）によって決まりますので，対価の高低に関する判断は容易ではありませんが，他方，②協議の有無や過程については，発注者と受注者とのコミュニケーションを追うなどしてその判断が相対的に容易であるからです。公取委が対価決定のプロセスを重視している以上，発注者としても，それを前提とした対応を行うべきです。

したがいまして，発注代金を定める際は，一方的な指値を避けるとともに，受注者との間で十分に協議を行うことが重要です。

なお，近時，「対価の一方的設定」につき取締りが強化されていますので，注意が必要です[32]。

31　下請法運用基準第4・5(1)

32　最新の文献として，多田敏明「コスト高騰・賃上げへの独禁法・下請法の対応―公正取引委員会の取組みを中心に」ジュリスト1600号（2024年）14頁

Q18　対価の減額

「対価の減額」について教えてください。

A　「対価の減額」とは，発注時に取り決めた対価を発注後に引き下げることをいいます。「対価の減額」は原則として違法とされます。受注者側の「責めに帰すべき理由」がある場合には例外的に許容されますが，そのような場合は限られていますので，対価の減額を行う場合には慎重に行うようにしてください。

解説

「対価の減額」とは，発注時に取り決めた対価を発注後に引き下げることをいいます[33]。「対価の一方的設定」（買いたたき）は，発注前の段階で問題となりますが，「対価の減額」は発注後の段階で問題となります。「対価の減額」が禁止される理由は，一旦取り決めた発注代金が事後的に減じられるといった受注者の不利益を防止する点にあります。

「対価」には，消費税相当額を含みますので，消費税相当額を支払わないことも「対価の減額」に含まれます。また，「減額」の方法には，相殺の方法（たとえば，発注者が受注者に対する貸付金を発注代金から差し引くなど）や，別途金銭を支払わせる方法も含まれますので，注意を要します。

たとえば，以下の行為は違法とされています[34]。

33　独禁法２条９項５号ハ，下請法４条１項３号，フリーランス法５条１項２号
34　下請法運用基準第４・３

- 業績悪化を理由とした減額
- 取引先の都合を理由とした減額

「対価の減額」が許容されるのは，受注者に「責めに帰すべき理由」があった場合に限られます。典型的には，受注者側に債務不履行があった場合です。たとえば，①発注内容と異なる場合（納品された商品が発注書と異なるなど），②受注者による商品の引渡しが納期に遅れた場合などが挙げられます。

したがいまして，受注者との間で取り決めた代金を減じる場合には，受注者の「責めに帰すべき理由」の有無を慎重に確認する必要があります。

Q19 返　品

「返品」について教えてください。

A 「返品」とは，発注者が受注者から給付の目的物である商品を受領した後，受注者に商品を引き取らせることをいいます。原則として違法とされていますが，受注者側の「責めに帰すべき理由」がある場合には例外的に許容されます。もっとも，そのような場合は限られていますので，受注者から受け取った商品を受注者に引き取らせる場合には慎重に行うようにしてください。

解説

「返品」とは，発注者が受注者から給付の目的物である商品を受領した後，受注者に商品を引き取らせることをいいます[35]。「返品」が禁止される理由は，発注内容のとおりに製造した商品を引き渡した受注者が，発注者から代金を受け取ることができないといった不利益を防止する点にあります[36]。

たとえば，以下の行為は違法とされています[37]。

- 販売期間終了等を理由とした返品
- 商品の入替えを理由とした返品
- 取引先の都合を理由とした返品

35　独禁法２条９項５号ハ，下請法４条１項４号，フリーランス法５条１項３号

36　下請取引においては返品された目的物を通常転売することが難しいこと等も理由として挙げられます（長澤・前掲注17・358頁）。なお，当該理由は，下請事業者との取引のみならず，フリーランスとの取引においても妥当します。

37　下請法運用基準第４・４

「返品」が許容されるのは，受注者の「責めに帰すべき理由」がある場合に限られます。たとえば，①発注内容と異なる場合（納品された商品が発注書と異なるなど）や，②納品された商品に瑕疵（契約不適合）がある場合などが挙げられます。

したがいまして，受注者から一度受け取った商品を受注者に返す場合には，受注者の「責めに帰すべき理由」の有無を慎重に確認する必要があります。

Q20 受領拒否

「受領拒否」について教えてください。

A 「受領拒否」とは，発注時に定めていた納期に発注した商品を受け取らないことをいいます。原則として違法とされます。受注者側の「責めに帰すべき理由」がある場合には例外的に許容されますが，そのような場合は限られていますので，受注者から発注商品を受け取らない場合には慎重に行うようにしてください。

解説

「受領拒否」とは，発注時に定めていた納期に発注した商品を受け取らないことをいいます[38]。「返品」は，一旦受け取った商品を受注者側に引き取らせることを問題視するものですが，これに対し，「受領拒否」はそもそも商品を受け取らないことを問題視するものです。

「受領拒否」が禁止される理由は，「返品」と同様です。すなわち，発注内容のとおりに製造した商品を引き渡そうとした受注者が，発注者から代金を受け取ることができないといった不利益を防止する点にあります。

たとえば，以下の行為は違法とされています[39]。

- 受領態勢が整わないことを理由とした受領拒否
- 取引先の都合を理由とした受領拒否
- 製造計画の変更を理由とした受領拒否

38　独禁法２条９項５号ハ，下請法４条１項１号，フリーランス法５条１項１号
39　下請法運用基準第４・１

「受領拒否」が許容される場合は，「返品」と同様です。すなわち，受注者の「責めに帰すべき理由」がある場合，具体的には，発注内容と異なる場合（納品された商品が発注書と異なるなど）や，納品された商品に瑕疵（契約不適合）がある場合等に限られます[40]。

したがいまして，受注者から商品を受け取らない場合には，「返品」同様，受注者の「責めに帰すべき理由」の有無を慎重に確認する必要があります。

40　納期遅れについては，「受領拒否」においては「責めに帰すべき理由」として認められていますが，「返品」においては認められていません。その理由につき，鎌田明編著『下請法の実務〔第４版〕』（公正取引協会，2017年）144頁は，「納期が遅れたことについての下請事業者の責任は，受領するか否かを判断する際の問題であって，納期遅れを承知の上で受領した後は，下請事業者の責任は免除されたものと考えられるからである」と述べます。

Q21　不当な経済上の利益の提供要請

「不当な経済上の利益の提供要請」について教えてください。

A　「不当な経済上の利益の要請」とは，自己のために，金銭，役務その他の経済上の利益を提供させることをいいます。受注者側の利益を不当に害しない場合には許容されますが，そのような場合は限られていますので，経済上の利益の提供要請を行う場合には慎重に行うようにしてください。

解説

「不当な経済上の利益の要請」とは，自己のために，金銭，役務その他の経済上の利益を提供させることをいいます[41]。「不当な経済上の利益の要請」が禁止される理由は，受注者が発注者によって経済上の利益を提供させられることにより受注者の利益が不当に害されることを防止する点にあります。

たとえば，以下の行為は違法とされています[42]。

- 協賛金等の提供要請
- 型や治具の無償保管要請
- 知的財産権の無償譲渡の要請
- 従業員の派遣要請

「不当な経済上の利益の提供要請」が違法とされるのは，受注者の利益を不当に害する場合ですので，受注者の利益を不当に害さない場合に許容されます。もっとも，「受注者の利益を不当に害さない」とされるためには，①

41　独禁法２条９項５号ロ，下請法４条２項３号，フリーランス法５条２項１号
42　下請法運用基準第４・７

当該要請の相手方である受注者に直接の利益が生じること[43]や，②当該受注者に対し当該要請による負担と利益を明確に説明することが必要です。

したがいまして，発注者としては，受注者に対し経済上の利益の提供要請を行う場合には，①当該受注者に直接の利益が生じるかどうかを検討の上，②当該受注者に対して当該要請によって生じる負担と利益を明確に説明する必要があります。

43　たとえば，納入業者が小売業者に対しセールを行う原資として協賛金を提供した場合，当該セールの開催によって納入業者の売上増加といった利益が見込まれたとしても，そのような利益では不十分とされます。直接の利益があるとされるためには，当該協賛金が納入業者との取引対象である商品の値引きの原資とされるなどの事情が必要です。

Q22　購入強制・利用強制

「購入強制」や「利用強制」について教えてください。

A　「購入強制」とは，対象取引に係る商品等以外の商品を購入させることを，「利用強制」とは，対象取引に係る商品等以外のサービスを利用させることをそれぞれいいます。「購入強制」と「利用強制」は，商品の購入を強制するのか，それともサービスの利用を強制するのかといった点で区別されますが，本質的には両者は同じものです。「購入強制」や「利用強制」が許容されるのは，「正当な理由」がある場合，すなわち購入又は利用させる客観的な合理性がある場合に限られますので，購入強制又は利用強制を行う場合には，慎重に行うようにしてください。

解説

「購入強制」とは，対象取引に係る商品等以外の商品を購入させることを，「利用強制」とは，対象取引に係る商品等以外のサービスを利用させることをそれぞれいいます[44]。「購入強制」や「利用強制」が禁止される理由は，対象取引に係る商品等以外の商品の購入又は役務（サービス）の利用を強制させるといった受注者の不利益を防止する点にあります。

たとえば，以下の行為は違法とされています[45]。

- 自社製品の購入強制
- 取引先製品の購入強制
- 自社が指定する役務の利用強制

44　独禁法２条９項５号イ，下請法４条１項６号，フリーランス法５条１項５号
45　下請法運用基準第４・６

「購入強制」や「利用強制」が許容されるのは，「正当な理由」がある場合に限られます。「正当な理由」とは，購入又は利用を強制する客観的な合理性がある場合をいいます。発注する商品につき一定の品質を維持するために，発注者の支給する原材料や工具等を用いることを条件とし，それらを有償で支給する事例が，典型例として挙げられます。

したがいまして，購入強制を行う場合には受注者に当該商品を購入させる客観的合理性を，利用強制を行う場合には当該サービスを利用させる客観的合理性をそれぞれ慎重に確認する必要があります[46]。

46　鎌田・前掲注40・157頁は，正当な理由がある場合につき，「「給付の内容を均質にし，又はその改善を図るため必要がある場合」以外には考えにくいのではないかと思われる」とします。

Ⅵ　公取委による調査

Q23　公取委による調査への対応

公取委による調査があった場合には，どのように対応したらよいでしょうか。

A　公取委による調査があった場合，公取委に対する事実の報告等は，関係部署を含め全社的に事実関係を確認した上で，正確に報告するようにしてください。必要に応じて弁護士へ相談することもご検討ください。

解説

当然のことですが，公取委による調査への対応については慎重に対応する必要があります[47]。

公取委から調査の一環として事実の報告や資料の提出が求められることがありますが，当該報告や当該提出に当たって全社的に事実関係を確認しないケース（たとえば，管理部門による確認を経ずに，事業部門からの回答をそのまま公取委への回答としてしまうケースなど）も見受けられます。特に，実際には問題がなかったにもかかわらず事実確認を怠りあたかも問題があるかのような報告は，百害あって一利なしです。

公取委への報告に当たっては，関係部署を含め全社的に事実関係を確認の上，正確に報告するようにしてください。また，必要に応じて弁護士へ相談することもご検討ください。

47　下請法の書面調査につき解説したものとして，本村健＝石川哲平＝松橋翔「業種別にみる「書面調査」対応のポイント」ビジネス法務22巻７号（2022年）28頁があります。

Column

受注者とのやり取りの証拠化―議事録の重要性

第２章の**Q23**では，公取委の調査についてご説明しました。自己が発注者となっている取引につき調査を受ける場合には，慎重な対応を要します。公取委としては，受注者から寄せられた内容（たとえば，「何らの協議もなく，書面で一方的に対価を通知された」など）をもとに，違反行為に関する相当程度の嫌疑を抱いていることも少なくないからです。当該内容が誤解や誇張である場合には，公取委に対してその旨説明する必要があり，その説明に当たっては証拠を示すことが有効ですが，どのような証拠がよいでしょうか。

受注者との間で書面や電子メールを用いて協議を行っていた場合には，当該書面や当該電子メールを示すことが考えられますが，書面や電子メールを用いずに口頭で協議を行うといった業界も少なくありません。このような場合，当該協議の内容を記録した議事録を示すことが考えられます。

もっとも，公取委から調査を受けることが決まった後に，当該議事録を新たに作成することは事実上困難です。そこで，公取委から調査を受ける場合に備えて，日頃から商談につき議事録を作成の上，保存しておくことが重要です。すべての取引につき議事録を作成するのが難しい場合には，重要なやり取り（たとえば，受注者が小規模である場合や，受注者からの要望に全く応じない回答をした場合）に限って作成することも考えられます。議事録の作成に当たっては，公取委の担当者が読んでも理解できるように正確かつ丁寧に記載してください。また，作成した議事録は，担当者個人ではなく，会社として組織的に保管するようにしてください。

いざという時に備えて，議事録の作成及び保管をご検討ください。

第 3 章

免税事業者との取引条件見直しの実務

第１章では消費税制度及びインボイス制度について，第２章では独禁法や下請法，フリーランス法についての概要をご説明しました。本章では，第１章，第２章の内容，そして，取引条件見直しＱ＆Ａ（**巻末資料１**）を踏まえ，インボイスを発行できない免税事業者との取引条件の見直しに際しての注意点をご説明します。

なお，本章では，読者の方の便宜を考慮して，設例とその解説を読めば足りるようにしており，基本的には，同じような解説であったとしても「**Q○**の解説をご参照ください。」などとはせずに記載しています。そのため，繰り返しの記載が多いと感じる方もいらっしゃると思われますが，その点につきご了承ください。

Ⅰ　総論―取引条件見直しの可否

Q1　免税事業者との取引条件を見直すことは許されるのか

当社は，インボイス制度が導入された現在も免税事業者のままの受注者（仕入先）との取引条件を見直したいと考えているのですが，そもそも，そのようなことは許されるのでしょうか。

A　取引条件の見直しをすること自体は可能ですが，受注者（仕入先）が一方的に不利になるような条件で見直すと，3法や建設業法上の問題が生じる可能性があります。

解説

(1)　インボイス制度に伴う取引条件の見直し

①　インボイス制度の下における取引状況

第1章の**Q6**でご説明したように，インボイス制度の下では，受注者（仕入先）が免税事業者の場合，すなわち，インボイス登録事業者でない場合，その受注者（仕入先）との取引は，原則として仕入税額控除ができなくなります。このことの具体的な意味について，以下の**図1**，**図2**におけるC社の視点で確認したいと思います。

【図1】　B社が課税事業者であるケース

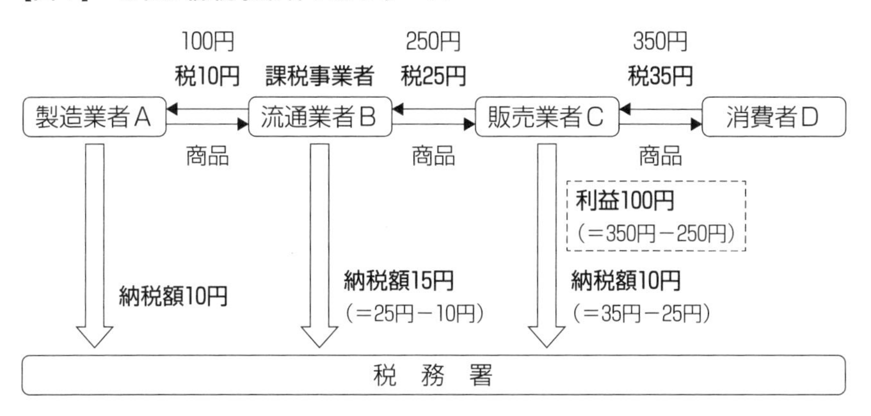

図1は，B社が課税事業者であり，かつ，インボイス登録事業者であった場合です。この場合，C社は，B社との取引について仕入税額控除が可能ですので，税務署には，Dから受け取った消費税35円からB社に支払った消費税25円を差し引いた10円を納めればよい，となります。また，この商品を販売したことによるC社の利益は，Dへの販売価格350円から，B社からの仕入価格250円を差し引いた100円となります。

これに対し，B社が免税事業者である場合の取引関係が**図2**（次頁参照）です。この場合，B社がインボイスを発行できないため，C社は，B社との取引について仕入税額控除ができず，その結果，Dから受け取った消費税35円を納める必要があります。つまり，仕入税額控除ができる場合よりも25円多く消費税を納める必要があります。

そして，この25円は，C社の利益から捻出されますので，C社の利益は，仕入税額控除ができる場合よりも25円減った75円となります。このように，仕入税額控除ができるかどうかは，納税額のみならず利益にも影響を及ぼすことになります。

【図２】　Ｂ社が免税事業者であるケース

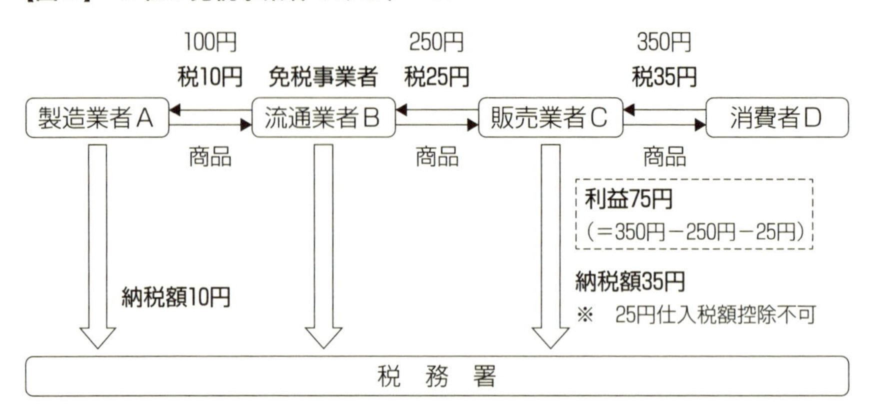

②　取引条件見直しの可否

以上のように，インボイス制度によって仕入税額控除ができなくなると，Ｃ社は，インボイス制度施行前に比べて利益が少なくなってしまいます。そのため，Ｃ社のような立場に置かれる企業，すなわち，受注者（仕入先）が免税事業者であるという企業が取引条件の見直しを検討することも十分考えられるところです。

この点，契約自由の原則からすれば，事業者同士でどのような契約条件で取引をするかは当事者間の自由ですし，また，当事者間で取引条件を変更することも可能です。これは，受注者（仕入先）が免税事業者である場合の取引においても基本的には変わりません。

もっとも，契約自由の原則は，３法及び建設業法によって例外的に許容されないこともあります。なぜなら，免税事業者は，類型的に小規模事業者である可能性が高く，取引条件の見直しを当事者間の完全な自由に委ねてしまうと，免税事業者である受注者（仕入先）にとって不当に不利な内容での契約を締結させられる可能性があるからです。

そのため，取引条件見直しＱ＆ＡのＱ７において，「仕入先である免税事業者との取引について，インボイス制度の実施を契機として取引条件を見直すことそれ自体が，直ちに問題となるものではありませんが，見直しに当たっては，「優越的地位の濫用」に該当する行為を行わないよう注意が必要です。」として，独禁法上の優越的地位の濫用として問題となるおそれがある行為を，行為類型ごとに説明しています。

(2)　問題となる行為類型

取引条件見直しＱ＆ＡのＱ７が独禁法上の優越的地位の濫用として問題となるおそれがある行為として挙げているのは，以下の６つの行為です。

① 取引対価の引下げ
② 商品・役務の成果物の受領拒否，返品
③ 協賛金等の負担の要請等
④ 購入・利用強制
⑤ 取引の停止
⑥ 登録事業者となるような慫慂等

また，取引条件見直しＱ＆ＡのＱ７においては，以上の行為類型のうち，下請法又は建設業法の規制対象となるものについては，それぞれその考え方が示されています。そこで，本章でも，以上の行為類型を踏まえつつ，どのような行為が各法上問題となるかについて説明をしたいと思います。

なお，取引条件見直しＱ＆Ａが公表された当時，フリーランス法は公布前でしたので，フリーランス法についての言及はありませんが，フリーランス法は下請法を補完する法律であり，フリーランス法上の禁止行為は，下請法上の禁止行為とほぼ同様の内容です[1]。したがいまして，取引条件見直しＱ＆Ａの考え方は，フリーランス法施行後，同法にも同様に及ぶと考えます。

1　白石忠志「インボイス制度と独禁法・下請法・フリーランス法」ジュリスト1588号（2023年）41頁

Q2　取引条件見直しの際に問題となる法律の適用関係

インボイス制度が導入された現在も免税事業者のままの受注者（仕入先）との取引条件を見直そうとした場合，3法及び建設業法に気を付けなければいけないとのことですが，ある1つの取引についてこれらの法律がすべて適用されることになるのでしょうか。

A　3法及び建設業法のうちいずれが適用されるかは，受注者（仕入先）との関係により異なってきます。

解説

(1)　適用される可能性のある法律とその適用順序

第2章でご紹介したとおり，免税事業者である受注者（仕入先）との取引関係に適用される可能性がある法律としては，3法及び建設業法があります。

これらの法律の関係を見てみますと，下請法は独禁法を補完する法律とされており，フリーランス法は下請法をさらに補完する法律とされています。したがいまして，受注者（仕入先）との関係で，①フリーランス法が適用されるのであればフリーランス法違反が，②フリーランス法が適用されずに下請法が適用されるのであれば下請法違反が，③フリーランス法，下請法のいずれも適用されなければ独禁法違反が，それぞれ問われうることになります。

建設業法については，同法の適用があると下請法の適用はありませんが（下請法2条4項），独禁法の適用は排除されません（建設業法42条参照）。したがいまして，建設業法が適用され，かつ，上記③の場合には，独禁法，建設業法双方の違反が問われることとなります。また，フリーランス法との関係については，フリーランス法パブコメ４－６で，「本法（注：フリーランス法）と建設業法が重複して適用される場合も想定されます。」とされています。したがいまして，建設業法が適用され，かつ，上記①の場合，フリーランス法，建設業法双方の違反が問われることとなります。

⑵　受注者（仕入先）ごとに対応策を考えておくべきか

以上のように，いずれの法律が適用されるのかは，受注者（仕入先）によって個別に判断されます。そうだとすると，受注者（仕入先）ごとに対応策を変える必要があるようにも思われます。

ただ，第２章でご説明したことからしますと，いずれの法律が適用されるとしても，禁止行為は，ほぼ重なっています。したがいまして，実際には，この受注者（仕入先）との関係ではどの法律が適用されるか，というようなことを考えずに，重なり合っている禁止行為（第２章の**Ｑ３**でいうところの「濫用行為等」）を避けていく，といった対応が有効です。

⑶　本章の構成

以上のとおりではありますが，取引条件見直しＱ＆ＡのＱ７では禁止行為を法律ごとに書き分けていますので，本章の**Ｑ３**以下でも，法律ごとに禁止行為やその対応策をご説明したいと思います。

なお，**Ｑ３**以下をお読みいただければおわかりになるかと思いますが，禁止行為がほぼ重なっているという関係上，結論もほとんど同じになっています。このことからしましても，どの法律が適用されるかについて深く悩む必要はないことをご理解いただけるのでは，と思います。

また，３法及び建設業法の各法が適用されるための条件（たとえば，独禁法（優越的地位の濫用）であれば，発注者が優越的地位にあること，下請法であれば，規制対象となる委託取引であり，かつ，資本金区分にも該当すること）については，第２章でご説明したとおりであり，**Ｑ３**以下では，これらを満たしていることを前提とします。

Ⅱ　取引価格の引下げ

1　独禁法上（優越的地位の濫用）の問題

Q３　取引価格引下げの注意点（総論）

当社（X社）は，受注者（仕入先）のV社から商品甲を１つ当たり1,000円，消費税100円で仕入れています。V社が免税事業者であることから，V社との取引については仕入税額控除ができないので，その分だけ取引価格を引き下げたいと思いますが，独禁法上問題はないでしょうか。

A　仕入税額控除が制限される分について，免税事業者の仕入れや諸経費の支払いに係る消費税の負担をも考慮した上で，双方納得の上で取引価格を引き下げる場合には，独禁法上は問題になりません。

解説

(1)　取引価格の引下げが問題となる場合

取引条件見直しQ＆AのQ７の「１　取引対価の引下げ」には，インボイス制度実施後の免税事業者との取引について，「仕入税額控除ができないことを理由に，免税事業者に対して取引価格の引下げを要請し，取引価格の再交渉において，仕入税額控除が制限される分について，免税事業者の仕入れや諸経費の支払いに係る消費税の負担をも考慮した上で，双方納得の上で取引価格を設定すれば，結果的に取引価格が引き下げられたとしても，独占禁止法上問題（はない）」とあります。また，「再交渉が形式的なものにすぎず，仕入側の事業者（買手）の都合のみで著しく低い価格を設定し，免税事業者が負担していた消費税額も払えないような価格を設定した場合には，優越的地位の濫用として，独占禁止法上問題となります。」ともあります。

実際に，公取委のホームページでは，運送業務を行う事業者を組合員とする協同組合が加盟組合員のうち免税事業者に該当する者に対し，組合が共同受注する運送事業を配分した際の運送代金を精算するに当たり，依頼主から入金される代金から別途消費税相当額（10%）の手数料を差し引いた金額を支払うことが独禁法上問題ないか，という相談に対し，「取引価格の交渉が形式的なものにすぎず，免税組合員との十分な協議を行うことなく，組合の都合のみで，免税事業者が負担していた消費税額も払えないような価格を一方的に設定した場合には，優越的地位の濫用として独占禁止法上問題となるおそれがある。」という回答が紹介されています[2]。

(2)　具体的な検討項目

以上のことから，仕入税額控除ができないことを理由とした取引価格の引下げで重要となるのは，次の３点です。①については**Q４**で，②については**Q５**で，そして，③について**Q６**で，それぞれ詳しく検討したいと思います。

①　仕入税額控除が制限される分であるか
②　免税事業者の仕入れや諸経費の支払いに係る消費税の負担も考慮しているか
③　双方納得の上で取引価格を引き下げているか

ポイント

□　取引価格の引下げが優越的地位の濫用に当たらないようにするには，①仕入税額控除が制限される分であること，②免税事業者の仕入れ等の支払いに係る消費税の負担も考慮していること，③発注者（仕入元），受注者（仕入先）双方が納得の上で取引価格を引き下げていること，が重要である。

2　公取委「独占禁止法に関する相談事例集（令和３年度）」（令和４年６月）相談事例７（**巻末資料２**）。なお，公取委への相談及び公表は，インボイス制度実施前に行われています。

Q４　取引価格引下げの注意点①：仕入税額控除が制限される分

「仕入税額控除が制限される分」とは，具体的にどのような意味でしょうか。**Q３**の事例（仕入税額が100円の事例）でいえば，受注者（仕入先）であるＶ社に支払っている消費税100円が仕入税額控除できなくなるわけですから，100円が「仕入税額控除が制限される分」ということでしょうか。

A　基本的にはそのとおりですが，具体的な仕入税額控除ができなくなる分というのは，インボイス制度の経過措置も考慮する必要がある点にご注意ください。

解説

(1)　「仕入税額控除が制限される分」の意味

取引条件見直しＱ＆ＡのＱ７の「１　取引対価の引下げ」における「仕入税額控除が制限される分」というのは，インボイス制度によって仕入税額控除ができなくなる分という意味です。**Q３**の事例でいえば，原則として仕入税額，つまりＶ社に支払った100円が「仕入税額控除が制限される分」となります。

したがいまして，取引価格を110円引き下げるなど，「仕入税額控除が制限される分」を超えて引き下げると，免税事業者の仕入れ等の支払いに係る消費税の負担も考慮しているかどうか，双方が納得の上で取引価格を引き下げているかどうかを検討するまでもなく，独禁法上の優越的地位の濫用に当たるとされる可能性が高いと思われます[3]。

(2) 経過措置を考慮する重要性

また，100円を超えなければ全く問題ないのかというと，そうではなく，経過措置との関係に注意する必要があります。

第１章の**Ｑ８**でご説明したように，インボイス制度については，経過措置が定められており，免税事業者との取引も，インボイス制度下の最初の３年間（2023年10月１日～2026年９月30日）は仕入税額相当額の８割が，また，その後の３年間（2026年10月１日～2029年９月30日）は仕入税額相当額の５割の仕入税額控除が可能とされています。

このことを踏まえ，**Ｑ３**の事例で「仕入税額控除が制限される分」を考えると，以下の表のとおりとなります。

	最初の３年間 (2023.10.1～2026.9.30)	**その後の３年間** (2026.10.1～2029.9.30)	**それ以降** (2029.10.1～)
仕入税額控除が可能な部分	80円	50円	0円
仕入税額控除が制限される分	**20円**	**50円**	**100円**

上記(1)でご説明したとおり，「仕入税額控除が制限される分」を超えて取引価格を引き下げると，それだけで独禁法上の優越的地位の濫用に当たるとされる可能性が高いと思われます。したがいまして，経過措置の適用がある期間中は，「仕入税額控除が制限される分」がいくらとなるかについて特にご注意いただきたいと思います。

なお，この点に関し，公取委のホームページでは，運送業務を営む事業者を組合員とする協同組合が，共同事業として行うチケット事業において組合員に対してチケット換金手数料を徴収するに当たり，免税事業者である組合

3　大東泰雄＝福塚侑也「インボイス制度　免税事業者取引の対応のポイント」週刊税務通信3707号（2022年）22頁

員に対しては従来のチケット換金手数料に加え消費税相当額として仕入税額控除に係る経過措置を考慮しない10%分の金額を徴収することは，独禁法上問題となるおそれがあるという回答が紹介されています[4]。

ポイント

- □ 「仕入税額控除が制限される分」というのは仕入税額控除ができなくなる分という意味であり，基本的には，免税事業者である受注者（仕入先）に支払った仕入税額分ということになる。
- □ ただし，経過措置の適用期間中（2029年9月30日まで）は，「仕入税額控除が制限される分」を考える際にも経過措置を念頭に置く必要がある。

4　公取委「独占禁止法に関する相談事例集（令和4年度）」（令和5年6月）相談事例9（**巻末資料3**）。なお，公取委への相談及び公表は，インボイス制度実施前に行われています。

Ｑ５　取引価格引下げの注意点②：免税事業者の負担の考慮

取引価格の引下げが優越的地位の濫用に当たらないようにするには，「免税事業者の仕入れや諸経費の支払いに係る消費税の負担をも考慮」する必要があるとのことですが，具体的にはどうすればよいのでしょうか。たとえば，益税相当分を引き下げるというのは，許容されるのでしょうか。

A　受注者（仕入先）である免税事業者から必要な情報について無理のない範囲で提供してもらえればよいですが，それが難しい場合には様々な事情から合理的に検討していくということになろうかと思います。なお，他の要件（**Ｑ４**及び**Ｑ６**参照）も満たしていることが前提ではありますが，益税相当分を引き下げるというのは，許容されうるのではないかと思われます。

解説

(1)　免税事業者の事情を考慮する必要性

取引条件見直しＱ＆ＡのＱ７の「１　取引対価の引下げ」においては，取引価格の引下げが優越的地位の濫用に当たらないためには，「仕入税額控除が制限される分」であることを前提に，「免税事業者の仕入れや諸経費の支払いに係る消費税の負担をも考慮」する必要があるとされています。

たとえば，**Ｑ３**の事例において，仕入税額控除が制限される分が100円であるとして，取引価格から100円引き下げることが可能なのかというと，そうではありません。仮にＶ社が商品甲を800円，消費税80円の合計880円で仕入れていたとした場合，取引価格を引き下げる前のＶ社の利益は，1,100円から880円を差し引いた220円となります。なお，Ｖ社が課税事業者であれば，仕入税額控除により，受け取った消費税100円から受注者（仕入先）に支払った消費税80円を差し引いた20円を納税する必要がありますが，Ｖ社は免税事業者のため，この20円は益税となります（**図**の①）。

ここで，Ｘ社が取引価格を100円引き下げて消費税込みで1,000円としますと，Ｖ社の利益は，1,000円から880円を差し引いた120円となります（**図**の②）。

① 取引価格が1,100円（税込）の場合

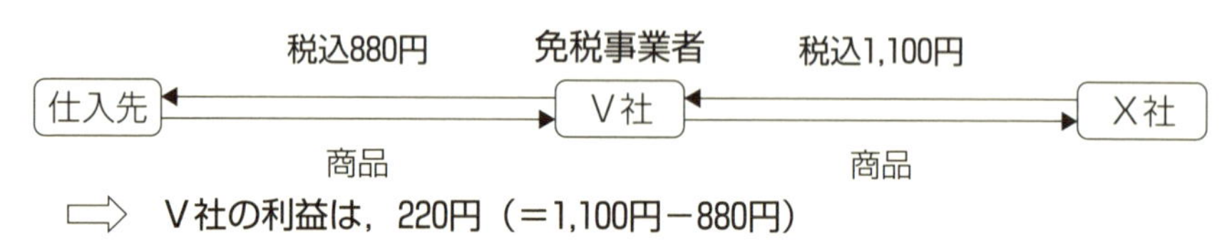

② 取引価格が1,000円（税込）の場合

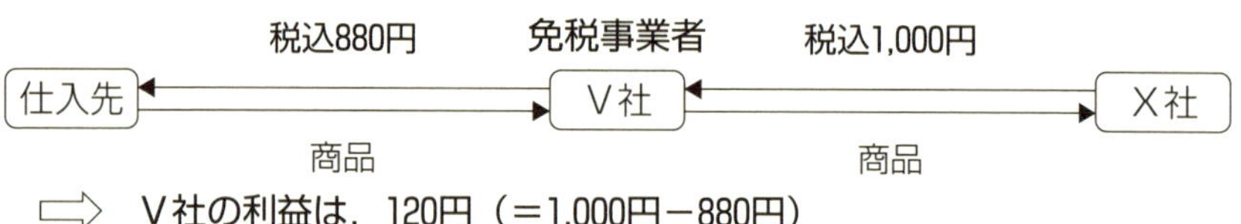

このように，取引価格が100円引き下げられると，Ｖ社の利益は，220円から120円となります。これは，Ｖ社が，益税の20円を失うのみならず，受注者（仕入先）に支払う消費税80円を利益から支払うことになったと見ることができます。これでは，免税事業者であるＶ社の「仕入れや諸経費の支払いに係る消費税の負担をも考慮」しているとはいえません。そのため，Ｘ社とＶ社との間で取引価格を100円引き下げることは優越的地位の濫用に当たるとされる可能性があると思われます[5]。

(2) 益税相当分の引下げ

では，上の**図**の事例において，益税相当分である20円分のみ引き下げた場

5　以上については，前掲注３もご参照ください。

合はどうなるでしょうか。

第１章の**Ｑ５**でご説明したとおり，益税とは，免税事業者が取引相手から受領した消費税を納税せずに自分自身の利益とするものです。免税事業者からすれば，この益税も利益の一部という扱いであると思います。しかし，取引価格の引下げが益税相当額である20円までであれば，Ｖ社の利益は，1,080円から880円を引いた200円となり，Ｖ社が仕入先に支払う消費税80円をＶ社の利益から支払うということにはなりません。

このことからすれば，Ｖ社と合意の上で取引価格の引下げを益税相当分である20円の範囲内にとどめる場合，Ｖ社の「仕入れや諸経費の支払いに係る消費税の負担をも考慮」したことになるといえると思われます。

(3)　取引価格の引下げが許容される場合

以上のことと**Ｑ４**でご説明したことをまとめますと，取引価格の引下げが優越的地位の濫用に当たらないようにするには，大まかにいって，Ｖ社と合意をするという前提の下で（これについては**Ｑ６**参照），Ｘ社の仕入税額控除が制限される分で，かつ，Ｖ社の益税相当額の範囲内というのが重要といえます。

そうだとした場合，これは，経過措置の適用期間中でも同様であるといえます。すなわち，仮にどの期間においてもＸ社・Ｖ社間の取引価格が税込み1,100円であるとした場合（前頁**図**①の場合），Ｘ社の仕入税額控除が制限される分とＶ社の益税相当額をまとめると，以下のとおりとなります。

	最初の３年間 (2023.10.1～2026.9.30)	**その後の３年間** (2026.10.1～2029.9.30)	**それ以降** (2029.10.1～)
Ｘ社が仕入税額控除が可能な部分	80円	50円	0円
仕入税額控除が制限される分	**20円**	**50円**	**100円**
Ｖ社に生じる益税	**20円**	**20円**	**20円**

このように，経過措置の適用期間かどうかと，Ｖ社に生じる益税は直接関係しません。そのため，経過措置の適用期間かどうかにかかわらず，Ｖ社の益税が20円であるとすれば，20円を引き下げることは，いずれの期間でもＸ社において仕入税額控除が制限される分の範囲内であり，かつ，Ｖ社の益税相当額の範囲内ということになります。したがいまして，経過措置の適用期間中であっても，Ｘ社が取引価格を20円引き下げることは優越的地位の濫用にはならないとなります。

ただし，これは，あくまで本設例における場合ですので，実際には，個別の事情に即して，仕入税額控除が制限される分と益税を比較して検討する必要があることについてご注意ください。

(4) Ｖ社の事情を考慮する方法

以上のとおりですが，そもそも，Ｘ社において，Ｖ社の益税がいくらであるのか，すなわち，Ｖ社の「仕入れや諸経費の支払いに係る消費税の負担」を把握することが可能かというと，これは容易ではないと思われます。なぜなら，この事情を把握するためには，前提として，Ｖ社から原価率などの原価に関する情報を得る必要がありますが，このような情報はＶ社において営業秘密であることが多く，Ｘ社としては把握していないでしょうし，また，Ｖ社に開示を求めても容易に開示してもらえるとは考えられないからです。

そのため，受注者（仕入先）との取引価格引下げの交渉を行うに際しては，受注者（仕入先）に事情を説明の上，受注者（仕入先）から，仕入れや諸経費の内容についての情報を無理のない範囲で提供してもらうようにしたり，周辺事情から受注者（仕入先）が負担している消費税を推測したりするなどして取引価格の引下げを検討していくことになると思われます[6]。

本設例でも，Ｘ社としては，Ｖ社から無理のない範囲で仕入れや諸経費の

6　なお，みなし仕入率（簡易課税制度やみなし仕入率については，第１章の**Ｑ３**参照）の活用を掲げる見解もあります（長澤哲也『インボイス制度の導入に伴う独占禁止法・下請法上の留意点』（SMBCコンサルティング，2023年）68頁）。

内容について情報提供をしてもらうなどして，Ｘ社としての希望額を伝え，Ｖ社との間で交渉を重ねて妥協点を見出すことが必要になると思います。

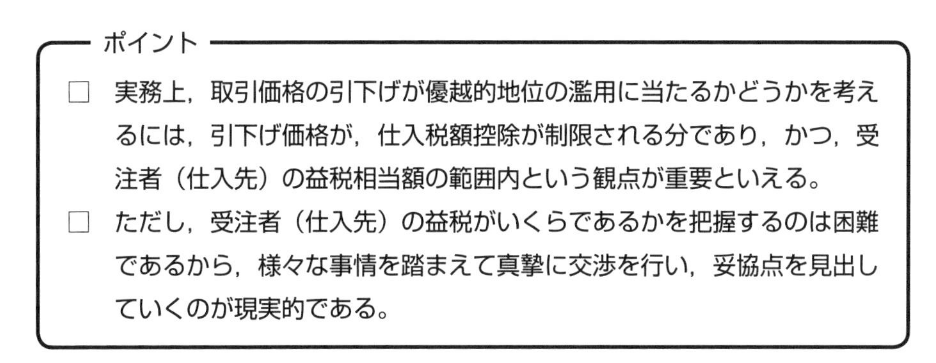

ポイント

- □ 実務上，取引価格の引下げが優越的地位の濫用に当たるかどうかを考えるには，引下げ価格が，仕入税額控除が制限される分であり，かつ，受注者（仕入先）の益税相当額の範囲内という観点が重要といえる。
- □ ただし，受注者（仕入先）の益税がいくらであるかを把握するのは困難であるから，様々な事情を踏まえて真摯に交渉を行い，妥協点を見出していくのが現実的である。

Q６　取引価格引下げの注意点③：双方納得の必要性

Q３の事例（仕入税額が100円の事例）で，当社（X社）は，V社との間で商品甲の取引価格の引下げについて交渉し，当社が１つ当たり20円の引下げを求めたところ，V社からは10円でお願いしたいとの話がありました。しかし，最終的には，当社の意向に従ってもらい，20円の引下げに応じてもらいました。この価格交渉に特段の問題はないでしょうか。

A　受注者（仕入先）であるV社との価格交渉が形式的なものである可能性があり，その場合には双方納得の上で取引価格を設定したとはいえず，独禁法上問題がある可能性があります。

解説

(1)　当事者双方が納得する必要はあるか

①　取引価格の引下げに際しての検討事項の確認

仕入税額控除ができないことを理由とした取引価格の引下げで重要となるのは，①仕入税額控除が制限される分であるか，②免税事業者の仕入れや諸経費の支払いに係る消費税の負担も考慮しているか，③双方納得の上で取引価格を引き下げているかの３点です（**Q３**参照）。このうち②は，引下げ価格が益税相当額の範囲内かがポイントであると思われます（**Q５**参照）。

そうすると，20円の引下げは，X社において仕入税額控除ができなくなる分の100円を下回っていますので，①仕入税額控除が制限される分といえます（**Q４**参照）[7]。また，20円というのも，V社の益税相当分であり，②V社の仕入れや諸経費の支払いに係る消費税の負担も考慮していることになると思われます（**Ｑ５**参照）。

②　当事者双方が納得していることも必要か

では，双方納得の上で引き下げていることも必要でしょうか。

この点，取引条件見直しＱ＆ＡのＱ７の「１　取引対価の引下げ」は，「再交渉が形式的なものにすぎず，仕入側の事業者（買手）の都合のみで著しく低い価格を設定し，免税事業者が負担していた消費税額も払えないような価格を設定した場合には，優越的地位の濫用として，独占禁止法上問題となります。」としています。この内容からしますと，再交渉が形式的で，受注者（仕入先）が納得していないとしても，著しく低い価格ではないのであれば問題ない，というようにも読めます。

すなわち，「免税事業者が負担していた消費税額も払えないような価格」というのは，上記②の「免税事業者の仕入れや諸経費の支払いに係る消費税の負担も考慮」した価格と同義であると思われるところ[8]，これは，上記のとおり益税相当分であると考えられます。そうすると，前段のような読み方をしますと，取引価格を益税相当分引き下げる場合には，受注者（仕入先）が納得していなくても取引価格を引き下げても問題ない，という結論となってしまいます。

しかし，これでは，取引条件見直しＱ＆Ａがわざわざ上記③を掲げた意味が失われてしまうように思います。したがいまして，仕入税額控除ができないことを理由とした取引価格の引下げのためには，受注者（仕入先）との間で真摯な交渉を行い，受注者（仕入先）が納得の上で取引価格を引き下げる必要があると考えておくのがよいと考えます。

7　経過措置の適用がある場合も，令和８年（2026年）９月30日までであれば仕入税額控除ができなくなる分は20円で，令和11年（2029年）９月30日までであれば50円です。したがいまして，経過措置の適用期間中であっても取引価格を20円引き下げることは，仕入税額控除が制限される分となります（**Ｑ５**の⑶参照）。

8　前掲注３参照

(2) X社の対応は優越的地位の濫用に当たるか

本設例において，V社が取引価格の引下げは10円でお願いしたいと言っていたにもかかわらず，X社は，自社の意向を伝えた上で，20円の引下げに応じてもらっています。V社としては，取引先であるX社からこのように言われてしまうと，その意向に逆らうのが難しく，提示条件を受け入れざるを得ないということもあると思われ，取引価格の引下げについて真に納得していない可能性があります。

このことからしますと，X社とV社が双方納得の上で取引価格を引き下げたとはいえず，独禁法上の優越的地位の濫用に当たる可能性もあります。

ポイント

- □ 取引価格の引下げが優越的地位の濫用に当たらないようにするには，当事者双方が納得している必要があると解されるので，受注者（仕入先）との真摯な交渉が重要と考えられる。

２　下請法上の問題

Ｑ７　下請法違反となる代金減額

当社（Ｘ社）は，下請事業者Ｗ社に商品乙の製造を委託し，それを納品してもらう契約を結んでいます。商品乙は，１個当たり消費税込み550円で発注していますが，Ｗ社が免税事業者であり，Ｗ社との取引は仕入税額控除ができないことから，発注時に取り決めた消費税込み550円から消費税込み500円に減額しようと考えています。この対応は問題ないでしょうか。

Ａ　下請代金の減額（下請法４条１項３号）に該当し，問題となります。Ｗ社が免税事業者であることは，Ｗ社の責めに帰すべき理由ではありません。

解説

(1)　検　討

①　取引条件見直しＱ＆Ａの内容

取引条件見直しＱ＆ＡのＱ７の「１　取引対価の引下げ」には，「事業者（買手）が免税事業者である仕入先に対して，仕入先の責めに帰すべき理由がないのに，発注時に定めた下請代金の額を減じた場合には，下請法第４条第１項第３号で禁止されている下請代金の減額として問題となります。」とあります。

②　免税事業者であることは下請事業者の帰責事由か

では，Ｗ社が免税事業者であるということは，「仕入先の責めに帰すべき理由」に当たるでしょうか。

ここにいう「仕入先の責めに帰すべき理由」というのは，製品が発注者（仕入元）によって指定された仕様と異なる場合，受注者（仕入先）が商品の引渡しの納期に遅れた場合のように，受注者（仕入先）に債務不履行があった場合をいうとされています（第２章の**Q18**参照）。受注者（仕入先）が免税事業者であり，仕入税額控除ができないというのは，受注者（仕入先）の債務不履行には当たりませんので，受注者（仕入先）である下請事業者が免税事業者であることは「仕入先の責めに帰すべき理由」には該当しません。

(2) Ｘ社の対応は下請法違反となるか

以上のことから，W社が免税事業者であるために仕入税額控除ができないことを理由にして，発注時に定めた消費税込み550円という価格を消費税込み500円に一方的に減額することは，W社の責めに帰すべき理由のない下請代金の減額に当たり，下請法４条１項３号に違反すると考えます。

ポイント

□ 下請法上取引価格を減額するには，製品の仕様が異なる，商品が納期までに納品されないといったように，仕入先である下請事業者の責めに帰すべき理由が必要である。

□ 受注者（仕入先）である下請事業者が免税事業者であるという事情は，下請事業者の責めに帰すべき理由とはならない。

Q 8　下請法違反となる買いたたき

当社（X社）は，下請事業者W社に対して商品乙の製造を委託することを考えています。取引価格については，類似内容の給付との比較からして，1個当たり消費税込み550円が適正であると思います。しかし，W社が免税事業者で，W社との取引については当社が仕入税額50円を控除できないことから，消費税込み500円としました。この価格設定は問題ないでしょうか。

A　免税事業者である下請事業者が負担している消費税額も払えないような価格であるといった場合には，この価格設定は買いたたき（下請法４条１項５号）として問題となります。

解説

(1)　検　討

①　買いたたきと代金減額の違い

本設例は，買いたたきが問題となる事例です。**Q7**が発注後に代金を減額する問題であるのに対し，買いたたきは，発注時の代金決定段階での問題となります（詳細については，第２章の**Q17**及び**Q18**をご参照ください。）。

②　取引条件見直しQ＆Aの内容

取引条件見直しQ＆AのQ７の「1　取引対価の引下げ」には，「事業者（買手）が免税事業者である仕入先に対して，給付の内容と同種又は類似の内容の給付に対して通常支払われる対価に比べて，免税事業者が負担していた消費税額も払えないような下請代金など，著しく低い下請代金の額を不当に定めた場合には，下請法第４条第１項第５号で禁止されている買いたたきとして問題となります。」とあります。

③ 免税事業者が負担していた消費税額も払えないような下請代金とは

ここで，「免税事業者が負担していた消費税額も払えないような下請代金」というのは，「免税事業者の仕入れや諸経費の支払いに係る消費税の負担」を考慮しない価格と同義と思われます[9]。そうすると，**Q5**のとおり，「免税事業者の仕入れや諸経費の支払いに係る消費税の負担」を考慮しない価格というのは，益税相当分を超えた価格と考えられることから，「免税事業者が負担していた消費税額も払えないような下請代金」というのは，益税相当分を超えて引き下げられた下請代金ということになると考えます。

⑵ X社の対応は下請法違反となるか

本設例で，X社は，商品乙の給付と同種又は類似の給付が消費税込み550円であるところ，W社に消費税込み500円で商品乙を発注しようとしています。この50円の引下げが，W社において確保できたであろう益税相当分を超えて下請代金を引き下げることになるのであれば，X社は，W社に対し，「給付の内容と同種又は類似の内容の給付に対して通常支払われる対価に比べて，免税事業者が負担していた消費税額も払えないような下請代金など，著しく低い下請代金の額を不当に定めた」こととなります。そうすると，買いたたきに該当しますので，下請法4条1項5号に違反すると考えます。

X社として買いたたきに当たらないようにするには，W社の益税相当分の限度で商品乙の取引価格の引下げを求めていくのがよいでしょう。このことは，経過措置の適用期間中かどうかに関わりません。すなわち，たとえば，X社による発注が令和8年（2026年）9月30日までに行われ，X社においてW社との仕入税額相当額の80％を仕入税額とみなせるとしても，そのこととW社における益税相当額がいくらであるかは直接関係しません。したがいまして，商品乙の取引価格の引下げが益税相当分を超えるのであれば，経過措置の適用期間中でも買いたたきに該当すると思われます。

---

9 前掲注3参照

また，現在の公取委実務は，対価決定の交渉過程を重視しているようですので（第２章の**Q17**参照），Ｘ社としては，取引価格の引下げを求めるのであれば，W社との間で真摯な協議を行うのが重要といえます。特に，上記のとおり，益税相当分の限度で引下げを求めるとしても，そもそも，Ｘ社からすれば，W社における益税相当分がいくらであるかは容易に判明しませんので，現実的には，W社と交渉を重ねて妥協点を見出すしかない，ということになると思われます。

ポイント

□　下請法上の買いたたきに当たらないようにするには，下請事業者の益税相当分を超えない範囲で取引価格の引下げを求めていくのがよいと考えられる。

□　ただ，下請事業者の益税が実際にいくらであるかを把握するのは困難であるから，実務上は，下請事業者との間で真摯に協議を進めていくしかないと思われる。

3　フリーランス法上の問題

Q9　フリーランス法違反となる報酬減額

当社（X社）は，フリーランスのYに，広告のイラスト制作を委託し，それを納品してもらう契約を結んでいます。ただ，このイラスト制作は，消費税込み11万円で発注していますが，Yが免税事業者のため，Yとの取引は仕入税額控除ができないことから，発注時に取り決めた消費税込み11万円から消費税込み10万円に減額しようと考えています。この対応は問題ないでしょうか。

A　報酬の減額（フリーランス法５条１項２号）に該当し，問題となります。Yが免税事業者であることは，Yの責めに帰すべき事由ではありません。

解説

(1)　検　討

①　取引条件見直しＱ＆Ａを踏まえた検討

本設例は，Yが免税事業者で，Yとの取引については仕入税額控除ができないことから，X社は発注時に定めた報酬金額を減額しようと考えているというものです。

この点，取引条件見直しＱ＆ＡのＱ７の「１　取引対価の引下げ」には，「事業者（買手）が免税事業者である仕入先に対して，仕入先の責めに帰すべき理由がないのに，発注時に定めた下請代金の額を減じた場合には，下請法第４条第１項第３号で禁止されている下請代金の減額として問題となります。」とあります。この取引条件見直しＱ＆Ａを参考にすると，免税事業者であるフリーランスの責めに帰すべき事由なく報酬を減額するのは，フリーランス法５条１項２号に反すると思われます。

②　免税事業者であることはフリーランスの帰責事由か

では，フリーランスのＹが免税事業者であることはＹの責めに帰すべき事由に当たるでしょうか。

ここにいうＹ（フリーランス）の責めに帰すべき事由というのは，製品が発注者（仕入元）によって指定された仕様と異なる場合，受注者（仕入先）が商品の引渡しの納期に遅れた場合のように，受注者（仕入先）に債務不履行があった場合をいうとされています（第２章の**Q18**参照）。受注者（仕入先）のフリーランスが免税事業者であることはフリーランスの債務不履行には当たらず，責めに帰すべき事由には該当しません（フリーランス法パブコメ２－３－40から同42）。

⑵　Ｘ社の対応はフリーランス法違反となるか

以上のことから，Ｙが免税事業者であるために仕入税額控除ができないことを理由にして，発注時に定めた消費税込み11万円という価格を消費税込み10万円に一方的に減額することは，Ｙの責めに帰すべき事由がない報酬減額となり，フリーランス法５条１項２号に違反すると考えます。

ポイント

- □　フリーランス法上報酬を減額するには，製品の仕様が異なる，商品が納期までに納品されないというように，仕入先であるフリーランスの責めに帰すべき事由が必要である。
- □　受注者（仕入先）であるフリーランスが免税事業者であるという事情は，フリーランスの責めに帰すべき事由とはならない。

Q10　フリーランス法違反となる買いたたき

当社（X社）は，フリーランスのYに，広告のイラスト制作を委託しようと考えています。報酬については，類似のイラスト制作委託料との比較からして，消費税込み11万円が適正であると思います。しかし，Yが免税事業者で，Yとの取引については当社が仕入税額1万円を控除できないことから，消費税込み10万円としました。この価格設定は問題ないでしょうか。

A　免税事業者であるYが負担している消費税額も払えないような価格であるとすれば，この価格設定は問題となります（フリーランス法5条1項4号）。

解説

(1)　検　討

①　買いたたきと報酬減額の違い

本設例は，買いたたきが問題となる事例です。**Q9**が発注後に報酬を減額する問題であるのに対し，買いたたきは，発注時の報酬決定段階での問題となります（詳細については，第2章の**Q17**及び**Q18**をご参照ください。）。

②　取引条件見直しQ＆Aを踏まえた検討

取引条件見直しQ＆AのQ7の「1　取引対価の引下げ」には，「事業者（買手）が免税事業者である仕入先に対して，給付の内容と同種又は類似の内容の給付に対して通常支払われる対価に比べて，免税事業者が負担していた消費税額も払えないような下請代金など，著しく低い下請代金の額を不当に定めた場合には，下請法第4条第1項第5号で禁止されている買いたたきとして問題となります。」とあります。この取引条件見直しQ＆Aを参考にすると，免税事業者であるフリーランスが負担していた消費税額も払えないような報酬など，著しく低い報酬の額を不当に定めた場合には，フリーランス法５条１項４号で禁止されている買いたたきとなります。

③　フリーランスが負担していた消費税額も払えないような報酬とは

ここで，上記取引条件見直しＱ＆Ａにいう「免税事業者が負担していた消費税額も払えないような下請代金」というのは，「免税事業者の仕入れや諸経費の支払いに係る消費税の負担」を考慮しない価格と同義と思われます[10]。そうすると，**Ｑ５**のとおり，「免税事業者の仕入れや諸経費の支払いに係る消費税の負担」を考慮しない価格というのは，益税相当分を超えた価格と考えられることから，「免税事業者が負担していた消費税額も払えないような下請代金」というのは，益税相当分を超えて引き下げられた下請代金ということになると考えます。

そうだとしますと，免税事業者であるフリーランスが負担していた消費税額も払えないような報酬というのも，やはり益税相当分を超えて引き下げられた報酬ということになると思われます。

(2)　Ｘ社の対応はフリーランス法違反となるか

本設例で，Ｘ社は，今回のイラスト制作と同種のイラスト制作委託料が消費税込み11万円であるものの，Ｙに消費税込み10万円でイラストを発注しようとしています。この１万円の引下げが，Ｙにおいて確保できたであろう益税相当分を超えて報酬を引き下げることになるのであれば，Ｘ社は，Ｙに対し，給付の内容と同種又は類似の内容の給付に対して通常支払われる対価に比べて，免税事業者であるＹが負担していた消費税額も払えないような報酬など，著しく低い報酬の額を不当に定めたこととなります。そうすると，買いたたきに該当しますので，フリーランス法５条１項４号に違反すると考えます。

Ｘ社として買いたたきに当たらないようにするには，Ｙの益税相当分の限

10　前掲注３参照

度でイラスト制作委託料の引下げを求めていくのがよいでしょう。このことは，経過措置の適用期間中かどうかに関わりません。すなわち，たとえば，X社による発注が令和８年（2026年）９月30日までに行われ，X社においてYとの仕入税額相当額の80％を仕入税額とみなせるとしても，そのこととYにおける益税相当額がいくらであるかは直接関係しません。したがいまして，イラスト制作委託料の引下げが益税相当分を超えるのであれば，経過措置の適用期間中でも買いたたきに該当すると思われます。

また，現在の公取委実務は，対価決定の交渉過程を重視しているようですので（第２章の**Q17**参照），X社としては，イラスト制作委託料の引下げを求めるのであれば，Yとの間で真摯な協議を行うのが重要といえます。特に，上記のとおり，益税相当分の限度で引下げを求めるとしても，そもそも，X社からすれば，Yにおける益税相当分がいくらであるかは容易に判明しませんので，現実的には，Yと交渉を重ねて妥協点を見出すしかない，ということになると思われます。

ポイント

- □ フリーランス法上の買いたたきに当たらないようにするには，フリーランスの益税相当分を超えない範囲で取引価格の引下げを求めていくのがよいと考えられる。
- □ ただ，フリーランスの益税が実際にいくらであるかを把握するのは困難であるから，実務上は，フリーランスとの間で真摯に協議を進めていくしかないと思われる。

４　建設業法上の問題

Q11　不当に低い請負代金①：契約締結段階

当社（Ｘ社）は，当社が元請けの工事について，建設業者であるＺ社との間で，消費税込み1,100万円で下請工事契約を締結しようとしましたが，Ｚ社が免税事業者であり，Ｚ社との取引については仕入税額控除ができないことから，下請代金を消費税込み1,000万円とする旨伝え，Ｚ社に応じてもらいました。この対応は何か問題があるでしょうか。

A　自己の地位を不当に利用して下請代金額を一方的に減額し，免税事業者であるＺ社が負担していた消費税額も支払えないような代金で契約を締結し，請負代金の額がその工事を施工するために通常必要と認められる原価に満たない場合，「不当に低い請負代金の禁止」（建設業法19条の３）に該当します。

解説

(1)　検　討

①　取引条件見直しＱ＆Ａの内容

建設業法19条の３は，「注文者は，自己の取引上の地位を不当に利用して，その注文した建設工事を施工するために通常必要と認められる原価に満たない金額を請負代金の額とする請負契約を締結してはならない。」と規定しています。

そして，取引条件見直しＱ＆ＡのＱ７の「１　取引対価の引下げ」には，「元請負人……が，自己の取引上の地位を不当に利用して免税事業者である下請負人……と合意することなく，下請代金の額を一方的に減額して，免税事業者が負担していた消費税額も払えないような代金による下請契約を締結した場合」により，「下請代金の額がその工事を施工するために通常必要と認められる原価に満たない金額となる場合には，建設業法第19条の３の「不当に低い請負代金の禁止」の規定に違反する行為として問題となります。」とあります。

② 免税事業者が負担していた消費税額も払えないような代金とは

ここで，「免税事業者が負担していた消費税額も払えないような代金」というのは，「免税事業者の仕入れや諸経費の支払いに係る消費税の負担」を考慮しない価格と同義であると思われます[11]。そうすると，**Q５**のとおり，「免税事業者の仕入れや諸経費の支払いに係る消費税の負担」を考慮しない価格というのは，益税相当分を超えた価格と考えられることから，「免税事業者が負担していた消費税額も払えないような代金」というのは，益税相当分を超えて引き下げられた代金ということになると思われます。

(2) Ｘ社の対応は建設業法違反となるか

Ｘ社とＺ社では，下請代金を消費税込み1,100万円とする予定であったところ，Ｘ社が，Ｚ社が免税事業者であることを理由に消費税込み1,000万円とするとし，Ｚ社に応じさせています。この100万円の引下げが，Ｚ社において確保できたであろう益税相当分を超えて下請代金を引き下げることになるのであれば，「下請代金の額を一方的に減額して，免税事業者が負担していた消費税額も払えないような代金による下請契約を締結した場合」に該当します。そして，それによって，Ｚ社において「下請代金の額がその工事を施工するために通常必要と認められる原価に満たない金額となる場合」，すなわち，原価割れとなるのであれば[12]，Ｘ社の対応は，建設業法19条の３に

11 前掲注３参照

違反すると考えます。

なお，以上のことは，経過措置の適用期間中かどうかに関わりません。すなわち，たとえば，X社による発注が令和８年（2026年）９月30日までに行われ，X社においてZ社との取引に係る仕入税額相当額の80％を仕入税額とみなせるとしても，そのこととZ社における益税相当額がいくらであるかは直接関係しません。そうすると，下請代金の引下げが益税相当分を超え，Z社が原価割れとなるのであれば，経過措置の適用期間中でも建設業法違反になると思われます。

したがいまして，X社が建設業法違反を問われないようにするには，Z社の益税相当分の限度で下請代金の引下げを求め，Z社が原価割れを起こさないようにするのがよいでしょう。ただ，益税相当分の限度で引下げを求めるとしても，そもそも，X社からすれば，Z社における益税相当分がいくらであるかを把握するのは容易ではありませんので，現実的には，Z社と交渉を重ねて妥協点を見出すしかない，ということになると思われます。

ポイント

- □　建設業法違反とならないようにするには，下請工事業者の益税相当分を超えない範囲で下請代金の引下げを求め，下請工事業者が原価割れを起こさないようにするのがよいと思われる。
- □　ただ，下請工事業者の益税が実際にいくらであるかを把握するのは困難であるから，実務上は，下請工事業者との間で真摯に協議を進めていくしかないと思われる。

---

12 「通常必要と認められる原価」とは，標準的な歩掛り，単価，材料費及び直接経費を基礎とした直接工事費，共通仮設費及び現場管理費からなる間接工事費並びに一般管理費を合計して求める方法等により算定されるとされています（建設業法研究会編著『［逐条解説］建設業法解説〔改訂13版〕』（大成出版社，2022年）233頁）。

Q12　不当に低い請負代金②：契約締結後の請負代金変更

当社（X社）は，当社が元請けの工事について，建設業者であるZ社との間で，消費税込み1,100万円で下請工事契約を締結しました。ところが，Z社が免税事業者であることから，Z社との取引については仕入税額控除ができないことが判明したので，契約締結後にZ社に事情を説明の上，下請代金を消費税込み1,100万円から1,000万円に減額しようと考えています。この対応は問題ないでしょうか。

A　契約締結後に，取り決めた下請代金額を一方的に減額するなどして請負代金額がその工事を施工するために通常必要と認められる原価に満たない場合，「不当に低い請負代金の禁止」（建設業法19条の３）に該当します。

解説

(1)　取引条件見直しQ＆Aの内容

建設業法19条の３は，「注文者は，自己の取引上の地位を不当に利用して，その注文した建設工事を施工するために通常必要と認められる原価に満たない金額を請負代金の額とする請負契約を締結してはならない。」と規定しています。

そして，取引条件見直しQ＆AのQ７の「１　取引対価の引下げ」には，元請負人が，「免税事業者である下請負人に対して，契約後に，取り決めた下請代金の額を一方的に減額した場合等により，下請代金の額がその工事を施工するために通常必要と認められる原価に満たない金額となる場合には，建設業法第19条の３の「不当に低い請負代金の禁止」の規定に違反する行為として問題となります。」とあります。

したがいまして，仕入税額控除ができなくなるからといって，当初の下請代金額を一方的に減額し，その結果，下請代金額がその工事を施工するために通常必要と認められる原価に満たなくなると，建設業法19条の3違反となります。

(2)　X社の対応は建設業法違反となるか

本設例で，Z社の工事原価が消費税込みで1,000万円という価格では通常必要と認められる工事原価[13]にも満たないのであれば，X社による一方的な下請代金の減額は建設業法19条の3に違反すると考えます。

したがいまして，X社が建設業法違反を問われないようにするには，通常必要と認められる工事原価の範囲，すなわち，下請工事業者が原価割れを起こさない範囲で下請代金の引下げを求めていくのがよいでしょう。ただ，通常必要と認められる工事原価を求めるとしても，そもそも，X社からすれば，それがいくらであるかは容易に判明しないこともあるでしょうから，現実的には，Z社と交渉を重ねて妥協点を見出すしかない，ということになると思われます。

ポイント

- □　建設業法違反とならないようにするには，通常必要と認められる工事原価の範囲（下請工事業者が原価割れを起こさない範囲）で下請代金の引下げを求めていくのがよいと思われる。
- □　ただ，通常必要と認められる工事原価が実際にいくらであるかを把握するのは困難であるから，実務上は，下請工事業者との間で真摯に協議を進めていくしかないと思われる。

---

13 「通常必要と認められる原価」については，前掲注12のとおりです。

Ⅲ　商品・役務の成果物の受領拒否，返品

1　独禁法上（優越的地位の濫用）の問題

Q13　優越的地位の濫用となる受領拒否

当社（X社）は，V社との間で商品甲を購入する契約を締結していますが，V社が免税事業者であり，V社との取引については仕入税額控除ができないことから，納品に来たV社の担当社員に対し，商品甲を受領することはできないと伝えました。この対応に問題はないでしょうか。

A　V社が免税事業者であることを理由に商品甲の受領を拒否した場合，優越的地位の濫用（独禁法2条9項5号ハ）として問題となります。

解説

(1)　取引条件見直しQ＆Aの内容

商品や役務の成果物の受領拒否は，①注文した商品と異なる商品が納入された場合，②事前に当事者間で受領しない場合の条件を定め，その条件に従って受領しない場合，③受注者（仕入先）の同意を得て，かつ，受領拒否により受注者（仕入先）に通常生ずべき損失を負担する場合であればともかく，そうでなければ，独禁法上の優越的地位の濫用に当たるとされています（独禁法2条9項5号ハ，優越ガイドライン第4・3(1)）。

取引条件見直しQ＆AのQ7の「2　商品・役務の成果物の受領拒否，返品」でも，「取引上の地位が相手方に優越している事業者（買手）が，仕入先から商品を購入する契約をした後において，仕入先が免税事業者であることを理由に，商品の受領を拒否することは，優越的地位の濫用として問題となります。」とあります。

このように，取引条件見直しＱ＆Ａでは，受注者（仕入先）が免税事業者であることを理由とした受領拒否は優越的地位の濫用であると明示されています。

(2)　Ｘ社の対応は優越的地位の濫用に当たるか

本設例では，Ｘ社は，Ｖ社が免税事業者であり，仕入税額控除ができないことを理由にして商品甲の受領を拒否しています。上記(1)で述べたことからして，Ｘ社の対応は，独禁法上の優越的地位の濫用となります。

ポイント

- □　注文した商品と異なる商品が納入されたといった事情があれば，受領拒否も優越的地位の濫用には当たらない。
- □　しかし，免税事業者であることを理由に受領拒否をすると，優越的地位の濫用となる。

Q14　優越的地位の濫用となる返品

当社（X社）は，V社との間で商品甲を購入する契約を締結し，V社から商品甲を納品してもらっています。しかし，V社が免税事業者であり，V社との取引については仕入税額控除ができないことから，商品甲を返品することにしました。この対応は問題ないでしょうか。なお，V社との間で，返品の条件等については特に取決めをしていませんでした。

A　V社との間で返品条件について明確になっておらず，V社にあらかじめ計算できない不利益を与えることとなる場合，その他正当な理由がないのに，V社から受領した商品を返品する場合には，優越的地位の濫用（独禁法2条9項5号ハ）として問題となります。

解説

(1)　検　討

①　取引条件見直しQ＆Aの内容

本設例では，X社による返品が問題となっています。返品については，「どのような場合に，どのような条件で返品するかについて，当該取引の相手方との間で明確になっておらず，当該取引の相手方にあらかじめ計算できない不利益を与えることとなる場合，その他正当な理由がないのに，当該取引の相手方から受領した商品を返品する場合であって，当該取引の相手方が，今後の取引に与える影響等を懸念してそれを受け入れざるを得ない場合」には，独禁法上の優越的地位の濫用に当たります（独禁法2条9項5号ハ，優越ガイドライン第4・3(2))。

取引条件見直しQ＆AのQ7の「2　商品・役務の成果物の受領拒否，返品」でも，「仕入先から受領した商品を返品することは，どのような場合に，どのような条件で返品するかについて，当該仕入先との間で明確になっておらず，当該仕入先にあらかじめ計算できない不利益を与えることとなる場合，その他正当な理由がないのに，当該仕入先から受領した商品を返品する場合には，優越的地位の濫用として問題となります。」とあります。

②　返品に正当な理由がある場合

Ｘ社とＶ社との間では返品の条件等について特に取決めがないとのことです。そうすると，Ｘ社の返品が優越的地位の濫用に当たらないためには，返品について正当な理由が必要となります。

この点，返品が許容されるのは，受注者（仕入先）の責めに帰すべき理由がある場合で，具体的には，納品された商品が発注内容と異なる場合や納品された商品に瑕疵（契約不適合）がある場合です（第２章の**Q19**参照）。そして，ここにいう受注者（仕入先）の責めに帰すべき理由と上記取引条件見直しＱ＆Ａがいう「正当な理由」は，同じ意味と考えられます。

そうすると，受注者（仕入先）が免税事業者であり，発注者（仕入元）が仕入税額控除できないとしても，それは受注者（仕入先）の責めに帰すべき理由とはいえませんので，受注者（仕入先）が免税事業者であることは正当な理由には当たりません。

(2)　Ｘ社の対応は優越的地位の濫用に当たるか

以上のとおり，Ｘ社とＶ社との間では，商品甲の返品条件等については特に取決めもなく，また，Ｖ社が免税事業者であることは返品の正当な理由には当たりません。したがいまして，Ｘ社による返品は独禁法上の優越的地位の濫用となると思われます。

ポイント

□ 返品が優越的地位の濫用に当たらないようにするには，受注者（仕入先）との間で返品条件が明確となっており，受注者（仕入先）に返品によってあらかじめ計算できない不利益を与えるといったことがないようにする必要がある。

□ 返品の正当な理由は，納品された商品が発注内容と異なる場合などであり，受注者（仕入先）が免税事業者のために仕入税額控除ができなくなることは，返品の正当な理由とはならない。

2　下請法上の問題

Q15　下請法違反となる受領拒否

当社（X社）は，下請事業者W社に商品乙の製造を委託し，それを納品してもらう契約を結んでいますが，W社が免税事業者であり，W社との取引については仕入税額控除ができないことから，納品に来たW社の担当社員に対し，商品乙を受領することはできないと伝えました。この対応は問題ないでしょうか。

A　W社の責めに帰すべき理由がないのに納品を拒む場合には，受領拒否（下請法4条1項1号）として問題となります。なお，W社が免税事業者であることは，W社の責めに帰すべき理由には当たりません。

解説

(1)　検　討

①　取引条件見直しQ＆Aの内容

下請事業者の責めに帰すべき理由がないのに下請事業者の給付の受領を拒むのは，下請法違反となります（下請法4条1項1号）。

取引条件見直しQ＆AのQ7の「2　商品・役務の成果物の受領拒否，返品」でも，「事業者（買手）が免税事業者である仕入先に対して，仕入先の責めに帰すべき理由がないのに，給付の受領を拒む場合……には，下請法第4条第1項第1号……で禁止されている受領拒否……として問題となります。」とあります。

② 免税事業者であることは下請事業者の帰責事由か

では，受注者（仕入先）である下請事業者が免税事業者であるということは，「仕入先の責めに帰すべき理由」となるでしょうか。

この点，「仕入先の責めに帰すべき理由」というのは，納品された商品が発注内容と異なる場合や納品された商品に瑕疵（契約不適合）がある場合に限られます（第２章の**Q20**参照）。したがいまして，受注者（仕入先）が免税事業者であることは「仕入先の責めに帰すべき理由」には該当しません。

(2) X社の対応は下請法違反となるか

以上からしますと，W社が免税事業者であり，仕入税額控除ができないことを理由に商品乙の受領を拒否したX社の対応は，下請法４条１項１号に違反すると考えます。

ポイント

- □ 下請法上受領拒否が許容されるには，納品された商品が発注内容と異なる場合のような「仕入先の責めに帰すべき理由」が必要である。
- □ 受注者（仕入先）である下請事業者が免税事業者であるという事情は，「仕入先の責めに帰すべき理由」とはならない。

Q16　下請法違反となる返品

当社（X社）は，下請事業者W社に商品乙の製造を委託し，それを納品してもらう契約を結んでいます。しかし，W社が免税事業者であり，W社との取引については仕入税額控除ができないことから，商品乙を返品することにしました。この対応は問題ないでしょうか。

A　W社の責めに帰すべき理由がないのに返品をする場合には，返品（下請法4条1項4号）として問題となります。なお，W社が免税事業者であることは，W社の責めに帰すべき理由には当たりません。

解説

(1)　検　討

①　取引条件見直しQ＆Aの内容

下請事業者の責めに帰すべき理由がないのに，下請事業者の給付を受領した後，下請事業者にその給付に係る物を引き取らせることは，下請法違反となります（下請法4条1項4号）。

取引条件見直しQ＆AのQ7の「2　商品・役務の成果物の受領拒否，返品」でも，「事業者（買手）が免税事業者である仕入先に対して，仕入先の責めに帰すべき理由がないのに，……仕入先に給付に係る物を引き取らせる場合には，下請法第4条第1項……第4号で禁止されている……返品として問題となります。」とあります。

②　免税事業者であることは下請事業者の帰責事由か

では，受注者（仕入先）である下請事業者が免税事業者であるということは，「仕入先の責めに帰すべき理由」となるでしょうか。

この点，「仕入先の責めに帰すべき理由」というのは，納品された商品が発注内容と異なる場合や納品された商品に瑕疵（契約不適合）がある場合に限られます（第２章の**Q19**参照)。このようなことからしますと，受注者（仕入先）である下請事業者が免税事業者であることは，「仕入先の責めに帰すべき理由」には該当しません。

(2)　X社の対応は下請法違反となるか

以上からしますと，W社が免税事業者であることを理由に商品乙を返品したX社の対応は，下請法４条１項４号に違反すると考えます。

ポイント

- □ 下請法上返品が許容されるには，納品された商品が発注内容と異なる場合のような「仕入先の責めに帰すべき理由」が必要である。
- □ 受注者（仕入先）である下請事業者が免税事業者であるという事情は，「仕入先の責めに帰すべき理由」とはならない。

3　フリーランス法上の問題

Q17　フリーランス法違反となる受領拒否

当社（Ｘ社）は，フリーランスのＹに，広告のイラスト制作を委託し，それを納品してもらう契約を結んでいますが，Ｙが免税事業者であり，Ｙとの取引については仕入税額控除ができないことから，納品に来たＹに対し，そのイラストを受領することはできないと伝えました。この対応は問題ないでしょうか。

A　Ｙの責めに帰すべき事由がないのに納品を拒む場合には，受領拒否（フリーランス法５条１項１号）として問題となります。なお，Ｙが免税事業者であることは，Ｙの責めに帰すべき事由には当たりません。

解説

(1)　検　討

①　取引条件見直しＱ＆Ａを踏まえた検討

本設例は，Ｙが免税事業者で，Ｙとの取引については仕入税額控除ができないことから，Ｘ社はイラストの受領を拒否しようと考えているというものです。

この点，フリーランス（特定受託事業者）の責めに帰すべき事由がないのにフリーランス（特定受託事業者）の給付の受領を拒むのは，フリーランス法違反となります（フリーランス法５条１項１号）。

また，取引条件見直しＱ＆ＡのＱ７の「２　商品・役務の成果物の受領拒否，返品」では，「事業者（買手）が免税事業者である仕入先に対して，仕入先の責めに帰すべき理由がないのに，給付の受領を拒む場合……には，下請法第４条第１項第１号……で禁止されている受領拒否……として問題となります。」とあります。この取引条件見直しＱ＆Ａを参考にすると，免税事業者であるフリーランスの責めに帰すべき事由がなく給付の受領を拒むのはフリーランス法５条１項１号に反すると思われます。

②　免税事業者であることはフリーランスの帰責事由か

では，免税事業者であることはフリーランスの責めに帰すべき事由に該当するでしょうか。

この点，フリーランスの責めに帰すべき事由というのは，納品された商品が発注内容と異なる場合や納品された商品に瑕疵（契約不適合）がある場合に限られます（第２章の**Q20**参照）。このようなことからしますと，受注者（仕入先）であるフリーランスが免税事業者であることは，フリーランスの責めに帰すべき事由には該当しません。

⑵　Ｘ社の対応はフリーランス法違反となるか

以上からしますと，Ｙが免税事業者であり，仕入税額控除ができないことを理由にイラストの受領を拒否したＸ社の対応は，フリーランス法５条１項１号に違反すると考えます。

ポイント

- □　フリーランス法上受領拒否が許容されるには，納品された商品が発注内容と異なる場合のように，受注者（仕入先）であるフリーランスの責めに帰すべき事由が必要である。
- □　フリーランスが免税事業者であるという事情は，フリーランスの責めに帰すべき事由とはならない。

Q18　フリーランス法違反となる返品

当社（X社）は，フリーランスのYに，広告のイラストを委託し，それを納品してもらう契約を結んでいます。しかし，Yが免税事業者であり，Yとの取引については仕入税額控除ができないことから，そのイラストを返品することにしました。この対応は問題ないでしょうか。

A　Yの責めに帰すべき事由がないのに返品をする場合には，返品（フリーランス法５条１項３号）として問題となります。なお，Yが免税事業者であることは，Yの責めに帰すべき事由には当たりません。

解説

(1)　検　討

①　取引条件見直しQ＆Aを踏まえた検討

本設例は，Yが免税事業者で仕入税額控除ができないことから，X社がイラストを返品しようと考えているというものです。

この点，フリーランス（特定受託事業者）の責めに帰すべき事由がないのにフリーランス（特定受託事業者）に返品を行うのは，フリーランス法違反となります（フリーランス法５条１項３号）。

また，取引条件見直しQ＆AのQ７の「２　商品・役務の成果物の受領拒否，返品」でも，「事業者（買手）が免税事業者である仕入先に対して，仕入先の責めに帰すべき理由がないのに，……仕入先に給付に係る物を引き取らせる場合には，下請法第４条第１項……第４号で禁止されている……返品として問題となります。」とあります。この取引条件見直しQ＆Aを参考にすると，免税事業者であるフリーランスの責めに帰すべき事由がなく返品をするのはフリーランス法5条1項3号に反すると思われます。

② 免税事業者であることはフリーランスの帰責事由か

では，免税事業者であることはフリーランスの責めに帰すべき事由に該当するでしょうか。

この点，フリーランスの責めに帰すべき事由というのは，納品された商品が発注内容と異なる場合や納品された商品に瑕疵（契約不適合）がある場合に限られます（第2章の**Q19**参照）。したがいまして，受注者（仕入先）であるフリーランスが免税事業者であることは，フリーランスの責めに帰すべき事由には該当しません。

(2) X社の対応はフリーランス法違反となるか

以上からしますと，Yが免税事業者であり，仕入税額控除ができないことを理由にイラストを返品するのは，フリーランス法5条1項3号に違反すると考えます。

ポイント

- □ フリーランス法上返品が許容されるには，納品された商品が発注内容と異なる場合のように，受注者（仕入先）であるフリーランスの責めに帰すべき事由が必要である。
- □ フリーランスが免税事業者であるという事情は，フリーランスの責めに帰すべき事由とはならない。

Ⅳ　協賛金等の負担の要請等

1　独禁法上（優越的地位の濫用）の問題

Q19　優越的地位の濫用となる協賛金の負担要請

当社（X社）は，V社から商品甲を仕入れています。V社は免税事業者であり，V社との取引については仕入税額控除ができないため，商品甲の価格を引き下げたいと伝えました。V社から，それは勘弁してほしいと言われたので断念しましたが，その代わりに，今後は協賛金を支払ってもらいたいと考えています。協賛金の額については，当社が適切と考える額にしようと考えていますが，問題ありませんでしょうか。

A　V社との間で協賛金の額や算出根拠が明確となっておらず，V社にあらかじめ計算できない不利益を与える場合などは，優越的地位の濫用（独禁法2条9項5号ロ）として問題になります。

解説

(1)　取引条件見直しQ＆Aの内容

協賛金等の負担の要請は，受注者（仕入先）の利益を不当に害さない場合を除き，独禁法上の優越的地位の濫用に当たります（独禁法2条9項5号ロ，優越ガイドライン第4・2(1)）。

取引条件見直しQ＆AのQ7の「3　協賛金等の負担の要請等」でも，「取引上優越した地位にある事業者（買手）が，インボイス制度の実施を契機として，免税事業者である仕入先に対し，取引価格の据置きを受け入れるが，その代わりに，取引の相手方に別途，協賛金，販売促進費等の名目での金銭の負担を要請することは，当該協賛金等の負担額及びその算出根拠等について，当該仕入先との間で明確になっておらず，当該仕入先にあらかじめ計算できない不利益を与えることとなる場合や，当該仕入先が得る直接の利益等を勘案して合理的であると認められる範囲を超えた負担となり，当該仕入先に不利益を与えることとなる場合には，優越的地位の濫用として問題となります。」とあります。

⑵　X社の対応は優越的地位の濫用に当たるか

本設例で，X社は，V社が免税事業者であり，V社との取引については仕入税額控除ができないことを理由に，V社から協賛金を支払ってもらうことを考えており，また，協賛金の額については，X社が適切と考える額にしようとしているとのことです。このことからしますと，X社とV社との間では，協賛金の負担額やその算出根拠について明確になっているとは考え難いように思われます。

したがいまして，X社の対応は，独禁法上の優越的地位の濫用に当たると考えられます。

ポイント

□　受注者（仕入先）に協賛金の負担を求めるには，受注者（仕入先）に対して協賛金等の負担額及びその算出根拠等を明らかにし，また，合理的範囲内の負担とするなどのように，受注者（仕入先）の利益を不当に害さないようにする必要がある。

□　受注者（仕入先）が免税事業者であり，仕入税額控除ができなくなることを理由として，一方的に協賛金の負担を求める場合には，優越的地位の濫用に該当すると思われる。

Q20　優越的地位の濫用となる従業員の派遣要請

当社（Ｘ社）は，Ｖ社から商品甲を仕入れています。Ｖ社は免税事業者であり，Ｖ社との取引については仕入税額控除ができないため，商品甲の価格を引き下げたいと伝えました。Ｖ社から，それは勘弁してほしいと言われたので断念しましたが，その代わりとして，今後，商品甲の陳列棚への陳列や倉庫への搬入をお願いしたいと考えています。これは問題ありませんでしょうか。

A　正当な理由がないのに，発注内容に含まれていない役務の提供その他経済上の利益の無償提供を要請することは，優越的地位の濫用（独禁法２条９項５号ロ）として問題となります。

解説

(1)　検　討

①　取引条件見直しＱ＆Ａの内容

従業員等の派遣の要請やその他経済上の利益の提供の要請は，受注者（仕入先）の利益を不当に害さない場合を除き，独禁法上の優越的地位の濫用に当たります（独禁法２条９項５号ロ，優越ガイドライン第４・２(2)）。

取引条件見直しＱ＆ＡのＱ７の「３　協賛金等の負担の要請等」でも，「取引価格の据置きを受け入れる代わりに，正当な理由がないのに，発注内容に含まれていない役務の提供その他経済上の利益の無償提供を要請することは，優越的地位の濫用として問題となります。」とあります。

② 受注者（仕入先）が免税事業者であることは無償役務提供の正当な理由となるか

では，受注者（仕入先）が免税事業者であることは，無償役務の提供を求める正当な理由となるでしょうか。

この点，ここでいう「正当な理由」というのは，受注者（仕入先）に直接の利益が生じる，受注者（仕入先）に対して無償役務提供による負担と利益を明確に説明するなどして，受注者（仕入先）の利益を不当に害さない事情がある場合をいうと解されます（第２章の**Q21**参照）。このことからしますと，受注者（仕入先）が免税事業者であることは，無償役務提供の正当な理由には該当しません。

⑵ X社の対応は優越的地位の濫用に当たるか

X社がV社に依頼をしたいと思っている商品甲の陳列棚への陳列や倉庫への搬入といったことは，発注内容に含まれていない役務の提供その他経済上の利益の無償提供に該当するといえます。そして，上記⑴でご説明したとおり，V社が免税事業者であることは，それらを要請することの正当な理由には当たらないと考えます。

したがいまして，V社が免税事業者であり，仕入税額控除ができないことを理由にしてV社に上記依頼をすることは，独禁法上の優越的地位の濫用となります。

ポイント

- □ 発注内容に含まれていない役務の提供その他経済上の利益の無償提供を要請するには，正当な理由，すなわち，受注者（仕入先）の利益を不当に害さない事情が必要である。
- □ 受注者（仕入先）が免税事業者であることは正当な理由とはならず，優越的地位の濫用となる。

２　下請法上の問題

Q21　下請法違反となる協賛金の負担要請や従業員の派遣要請

当社（X社）は，下請事業者W社に商品乙の製造を委託し，それを納品してもらう契約を結んでいます。ところが，W社が免税事業者であり，W社との取引については仕入税額控除ができないため，商品乙の価格を引き下げたいと伝えました。W社から，それは勘弁してほしいと言われたので断念しましたが，その代わりに，今後は協賛金を支払ってもらい，また，商品乙の陳列棚への陳列や倉庫への搬入もお願いしたいと思っています。このような対応に問題はないでしょうか。

A　X社の対応は，自己のために金銭，役務その他の経済上の利益を提供させることによって，W社の利益を不当に害することになるといえるので，不当な経済上の利益の提供要請（下請法４条２項３号）として問題となります。

解説

(1)　取引条件見直しQ＆Aの内容

親事業者は，自己のために金銭，役務その他の経済上の利益を提供させることによって，下請事業者の利益を不当に害してはいけないとされています（不当な経済上の利益の提供要請。下請法４条２項３号）。

取引条件見直しQ＆AのQ７の「３　協賛金等の負担の要請等」でも，「事業者（買手）が免税事業者である仕入先に対して，自己のために金銭，役務その他の経済上の利益を提供させることによって，仕入先の利益を不当に害する場合には，下請法第４条第２項第３号で禁止されている不当な経済上の利益の提供要請として問題となります。」とあります。

経済上の利益の提供要請が許容されるには，下請事業者の利益を不当に害さないようにする必要があります。具体的には，下請事業者に直接の利益が生じる，下請事業者に対して経済上の利益の提供による負担と利益を明確に説明する，といったことが必要と解されます（第２章の**Q21**参照）。

(2)　X社の対応は下請法違反となるか

本設例で，X社は，W社が免税事業者であり，仕入税額控除ができないことを理由に，W社に対し，今後は協賛金を支払ってもらい，また，商品乙の陳列棚への陳列や倉庫への搬入をお願いしたいと思っているとのことです。このように協賛金の負担を求めれば，当然のことながら，W社には協賛金分のマイナスが生じることになります。また，W社は，陳列棚への陳列等のために，W社の従業員等の労働力を無償で提供することになりますので，やはり，W社には経済的マイナスが生じることになります。

一方で，この協賛金の負担や従業員の無償派遣によってW社に直接の利益が生じるという事情はなく，また，X社がW社に対し，W社が経済上の利益を提供することによる負担と利益を明確に説明したという事情もありません。

以上からしますと，X社が依頼しようと考えていることは，W社の利益を不当に害することとなり，下請法４条２項３号に違反すると考えます。

ポイント

- □ 受注者（仕入先）である下請事業者に協賛金の負担や従業員の派遣を求めるには，下請事業者に直接の利益が生じる，下請事業者に対して経済上の利益の提供による負担と利益を明確に説明する，といったことにより，下請事業者の利益を不当に害さないようにする必要がある。
- □ 下請事業者が免税事業者であり，仕入税額控除ができないからという理由で，下請事業者に対して協賛金の負担や従業員の派遣を求めることは，下請事業者の利益を不当に害することとなるので，下請法違反となる。

3　フリーランス法上の問題

Q22　フリーランス法違反となる協賛金の負担要請や役務提供要請

当社（X社）は，フリーランスのYに，広告のイラスト制作を委託し，それを納品してもらう契約を結んでいますが，Yが免税事業者であり，Yとの取引については仕入税額控除ができないため，イラスト制作委託料を引き下げたいと伝えました。Yから，それは勘弁してほしいと言われたので断念しましたが，その代わりに，イラストの著作権を無償で譲渡してもらおうと思っています。イラストの著作権譲渡は，イラスト制作委託契約には含まれていないのですが，この対応に問題はないでしょうか。

A　X社の対応は，自己のために金銭，役務その他の経済上の利益を提供させることによって，Yの利益を不当に害することになるといえるので，不当な経済上の利益の提供要請（フリーランス法5条2項1号）として問題となります。

解説

(1)　取引条件見直しQ＆Aを踏まえた検討

本設例は，フリーランスのYに対し，委託契約に含まれていないイラストの著作権無償譲渡を求めるものです。

発注者（特定業務委託事業者）は，自己のために金銭，役務その他の経済上の利益を提供させることによって，フリーランス（特定受託事業者）の利益を不当に害してはいけないとされています（不当な経済上の利益の提供要請。

フリーランス法５条２項１号)。

この点，取引条件見直しＱ＆ＡのＱ７の「３　協賛金等の負担の要請等」でも，「事業者（買手）が免税事業者である仕入先に対して，自己のために金銭，役務その他の経済上の利益を提供させることによって，仕入先の利益を不当に害する場合には，下請法第４条第２項第３号で禁止されている不当な経済上の利益の提供要請として問題となります。」とあります。この取引条件見直しＱ＆Ａを参考にすると，免税事業者であるフリーランスに協賛金の負担や役務提供を求めることは，フリーランス法５条２項１号違反となるものと思われます。

経済上の利益の提供要請が許容されるには，フリーランスの利益を不当に害さないようにする必要があります。具体的には，フリーランスに直接の利益が生じる，フリーランスに対して経済上の利益の提供による負担と利益を明確に説明する，といったことが必要と解されます（第２章の**Q21**参照)。

(2)　Ｘ社の対応はフリーランス法違反となるか

本設例で，Ｘ社は，Ｙが免税事業者であり，仕入税額控除ができないことを理由に，Ｙに対し，委託契約には含まれていなかったイラストの著作権を無償で譲渡してほしいと思っているとのことです。これが認められると，Ｙには，イラスト著作権の無償提供という経済的マイナスが生じることになります。

一方で，この著作権譲渡によってＹに直接の利益が生じるという事情はなく，また，Ｘ社がＹに対し，Ｙが経済上の利益を提供することによる負担と利益を明確に説明したという事情もありません。

このようなことからしますと，Ｘ社が依頼しようと考えていることは，Ｙの利益を不当に害することとなり，フリーランス法５条２項１号に違反すると考えます。

ポイント

- □ 受注者（仕入先）であるフリーランスに経済上の利益の提供を求めるには，フリーランスに直接の利益が生じる，フリーランスに対して経済上の利益の提供による負担と利益を明確に説明する，といったことにより，フリーランスの利益を不当に害さないようにする必要がある。
- □ フリーランスが免税事業者であり，仕入税額控除ができないという理由で，フリーランスに対して経済上の利益の提供を求めることは，フリーランス法違反となる。

V　購入・利用強制

1　独禁法上（優越的地位の濫用）の問題

Q23　優越的地位の濫用となる自社商品購入強制やサービス利用強制

当社（X社）は，V社から商品甲を仕入れています。V社は免税事業者であり，V社との取引については仕入税額控除ができないため，商品甲の価格を引き下げたいと伝えました。V社から，それは勘弁してほしいと言われたので断念しましたが，その代わりに，当社が行っているαサービスの利用契約を結んでほしいと伝えようと思っています。この対応は問題ありませんでしょうか。

A　X社が，取引価格を据え置く代わりにαサービスの利用契約を結ぶよう求めることは，独禁法2条9項5号イが禁止している購入・利用強制に当たり問題となります。

解説

(1)　取引条件見直しQ＆Aの内容

購入・利用強制は，商品若しくは役務の内容を均質にするため又はその改善を図るために必要があるというような合理的な必要性がある場合を除き，独禁法上の優越的地位の濫用に当たります（独禁法2条9項5号イ，優越ガイドライン第4・1）。

取引条件見直しQ＆AのQ７の「4　購入・利用強制」でも，「取引上優越した地位にある事業者（買手）が，インボイス制度の実施を契機として，免税事業者である仕入先に対し，取引価格の据置きを受け入れるが，その代わりに，当該取引に係る商品・役務以外の商品・役務の購入を要請することは，当該仕入先が，それが事業遂行上必要としない商品・役務であり，又はその購入を希望していないときであったとしても，優越的地位の濫用として問題となります。」とあります。

(2)　X社の対応は優越的地位の濫用に当たるか

X社は，V社との取引価格について，V社の要望を踏まえて据え置くのであれば，その代わりとして，V社には，αサービスの利用契約を結んでほしいと考えています。このようなαサービスの利用契約の締結を求めるのは，取引条件見直しQ＆Aにいう「取引価格の据置きを受け入れるが，その代わりに，当該取引に係る商品・役務以外の商品・役務の購入を要請すること」に該当するといえます。

したがいまして，V社が免税事業者であり，仕入税額控除ができないことを理由にして，V社にαサービスの利用契約締結を求めることは，独禁法上の優越的地位の濫用となります（第２章の**Q22**参照）。

ポイント

- □　購入・利用強制は，商品若しくは役務の内容を均質にする必要があるといった合理的な必要性があれば，優越的地位の濫用とはならない。
- □　しかし，受注者（仕入先）が免税事業者であり，仕入税額控除ができないことを理由にして自社商品購入やサービスの利用を要請することは，優越的地位の濫用に当たる。

2　下請法上の問題

Q24　下請法違反となる自社商品購入強制やサービス利用強制

当社（X社）は，下請事業者W社に商品乙の製造を委託し，それを納品してもらう契約を結んでいます。ところが，W社が免税事業者であり，W社との取引については仕入税額控除ができないため，商品乙の価格を引き下げたいと伝えました。W社から，それは勘弁してほしいと言われたので断念しましたが，その代わりに，当社が行っているαサービスの利用契約を結んでほしいと伝えようと思っています。この対応は問題ありませんでしょうか。

A　X社の対応は，免税事業者であるW社に対してαサービスを強制して利用させることになりますので，下請法４条１項６号の購入・利用強制に当たり問題となります。

解説

(1)　検　討

①　取引条件見直しQ＆Aの内容

親事業者は，下請事業者の給付の内容を均質にし，又はその改善を図るため必要がある場合その他正当な理由がある場合を除き，自己の指定する物を強制して購入させ，又は役務を強制して利用させてはならないとされています（購入・利用強制。下請法４条１項６号）。

取引条件見直しQ＆AのQ７の「４　購入・利用強制」でも，「事業者（買手）が免税事業者である仕入先に対して，給付の内容を均質にし，又はその改善を図るため必要がある場合その他正当な理由がある場合を除き，自己の指定する物を強制して購入させ，又は役務を強制して利用させる場合には，下請法第4条第1項第6号で禁止されている購入・利用強制として問題となります。」とあります。

②　下請事業者が免税事業者であることは正当な理由か

では，受注者（仕入先）である下請事業者が免税事業者であり，仕入税額控除ができないことは，購入・利用強制の正当な理由となるでしょうか。

上記①のとおり，ここでいう「正当な理由」というのは，給付内容を均質にする，給付内容の改善を図るといったように，購入・利用について客観的な合理性のある場合をいいます[14]。購入に関していえば，発注する商品について一定の品質を維持するために，発注者の支給する原材料や工具等を用いることを条件にして，それらを有償で支給するような場合です（第2章の**Q22**参照）。このようなことからしますと，下請事業者が免税事業者であることは「正当な理由」に該当しません。

(2)　X社の対応は下請法違反となるか

X社は，W社が免税事業者であり，仕入税額控除ができないことを理由に，W社に対し，αサービスの利用契約を締結してもらおうと考えていますが，これは，αサービスという「役務を強制して利用させる場合」に当たります。そして，αサービスを利用することについて，「給付の内容を均質にし，又はその改善を図るため」といった事情は見当たりませんので，購入・利用強制の「正当な理由」はないと考えます。

このようなことからしますと，X社がW社にαサービスの利用契約を結ぶよう求めることは，購入・利用強制に当たり，下請法4条1項6号に違反すると考えます。

14　下請法4条1項6号は，給付内容を均質にする等以外にも「正当な理由」があるかのように規定していますが，現実には，給付内容を均質にする等以外に「正当な理由」は想定し難いように思います（鎌田明編著『下請法の実務〔第4版〕』（公正取引協会，2017年）157頁）。

ポイント

□ 受注者（仕入先）である下請事業者に対して自社商品の購入やサービスの利用を要請するには，給付内容を均質にする，給付内容の改善を図るといったように，購入・利用について客観的な合理性のある事情，すなわち「正当な理由」が必要である。

□ 下請事業者が免税事業者であることは「正当な理由」とはならない。

3　フリーランス法上の問題

Q25　フリーランス法違反となる自社商品購入強制やサービス利用強制

当社（Ｘ社）は，フリーランスのＹに，広告のイラスト制作を委託し，それを納品してもらう契約を結んでいますが，Ｙが免税事業者であり，Ｙとの取引については仕入税額控除ができないため，イラスト制作委託料を引き下げたいと伝えました。Ｙから，それは勘弁してほしいと言われたので断念しましたが，その代わりに，広告対象である当社の商品βを購入してほしいと伝えようと思っています。この対応は問題ありませんでしょうか。

A　Ｘ社の対応は，免税事業者であるＹに対して商品βを強制して購入させることになりますので，フリーランス法５条１項５号の購入・利用強制に当たり問題となります。

解説

(1)　検　討

①　取引条件見直しＱ＆Ａを踏まえた検討

本設例は，Ｙが免税事業者で，Ｙとの取引については仕入税額控除ができない中，イラスト制作委託料を据え置く代わりに，商品βを購入してもらおうと考えているというものです。

発注者（特定業務委託事業者）は，フリーランス（特定受託事業者）の給付の内容を均質にし，又はその改善を図るため必要がある場合その他正当な理由がある場合を除き，自己の指定する物を強制して購入させ，又は役務を強制して利用させてはならないとされています（購入・利用強制。フリーランス法５条１項５号）。

この点，取引条件見直しＱ＆ＡのＱ７の「４　購入・利用強制」には，「事業者（買手）が免税事業者である仕入先に対して，給付の内容を均質にし，又はその改善を図るため必要がある場合その他正当な理由がある場合を除き，自己の指定する物を強制して購入させ，又は役務を強制して利用させる場合には，下請法第４条第１項第６号で禁止されている購入・利用強制として問題となります。」とあります。この取引条件見直しＱ＆Ａを参考にすると，免税事業者であるフリーランスに対する正当な理由のない購入・利用強制は，フリーランス法５条１項５号違反となるものと思われます。

②　フリーランスが免税事業者であることは正当な理由か

では，受注者（仕入先）であるフリーランスが免税事業者であり，仕入税額控除ができないことは，購入・利用強制の正当な理由となるでしょうか。

上記①のとおり，ここでいう「正当な理由」というのは，給付内容を均質にする，給付内容の改善を図るといったように，購入・利用について客観的な合理性のある場合をいいます[15]。購入に関していえば，発注する商品について一定の品質を維持するために，発注者の支給する原材料や工具等を用いることを条件にして，それらを有償で支給するような場合です（第２章の**Q22**参照）。このようなことからしますと，フリーランスが免税事業者であることは「正当な理由」に該当しません。

⑵　Ｘ社の対応はフリーランス法違反となるか

Ｘ社は，Ｙが免税事業者であり，仕入税額控除ができないことを理由に，Ｙに対し，商品βの売買契約を締結してもらおうと考えていますが，これは，商品βという「物を強制して購入させ」る場合に当たります。そして，商品

15　フリーランス法５条１項５号は，給付内容を均質にする等以外にも「正当な理由」があるかのように規定していますが，現実には，給付内容を均質にする等以外に「正当な理由」は想定し難いように思います（鎌田・前掲注14参照）。

βを購入させることについて，「給付の内容を均質にし，又はその改善を図るため」といった事情は見当たりませんので，購入・利用強制の「正当な理由」はないと考えます。

このようなことからしますと，Ｘ社がＹに商品βの売買契約を結ぶよう求めることは，購入・利用強制に当たり，フリーランス法５条１項５号に違反すると考えます。

ポイント

- □ 受注者（仕入先）であるフリーランスに自社商品の購入やサービスの利用を要請するには，給付内容を均質にする，給付内容の改善を図るといったように，購入・利用について客観的な合理性のある事情，すなわち「正当な理由」が必要である。
- □ フリーランスが免税事業者であることは「正当な理由」とはならない。

4　建設業法上の問題

Q26　建設業法違反となる使用機材の購入強制

当社（X社）は，当社が元請けの工事について，建設業者であるZ社との間で下請工事契約を締結しました。ところが，Z社が免税事業者であり，Z社との取引については仕入税額控除ができないため，下請工事代金の価格を下げたいと伝えました。Z社から，それは勘弁してほしいと言われたので断念しましたが，その代わりに，Z社に対し，使用機材については当社の子会社から購入するよう求めたいと考えています。この対応は問題ありませんでしょうか。

A　Z社がX社の指定どおり使用機材を購入することでZ社の利益が害される場合には，建設業法19条の４の「不当な使用資材等の購入強制の禁止」の規定に違反する行為として問題となります。

解説

(1)　取引条件見直しQ＆Aの内容

建設業法19条の４は，「注文者は，請負契約の締結後，自己の取引上の地位を不当に利用して，その注文した建設工事に使用する資材若しくは機械器具又はこれらの購入先を指定し，これらを請負人に購入させて，その利益を害してはならない。」と規定しています。

そして，取引条件見直しQ＆AのQ７の「４　購入・利用強制」でも，「元請負人が，免税事業者である下請負人と下請契約を締結した後に，自己の取引上の地位を不当に利用して，当該下請負人に使用資材若しくは機械器具又はこれらの購入先を指定し，これらを当該下請負人に購入させて，その利益を害すると認められた場合には，建設業法第19条の4の「不当な使用資材等の購入強制の禁止」の規定に違反する行為として問題となります。」とあります。

(2)　X社の対応は建設業法違反となるか

X社とZ社では，もともと下請工事契約を締結していたところ，X社が，契約締結後に，Z社が免税事業者であり，仕入税額控除ができないことを理由に，当該下請工事に係る使用機材をX社の子会社から購入するよう求めようとしています。このように，発注者として立場上優越的な地位にあるX社による一方的な購入先の指定は，X社が元請負人としての取引上の地位を不当に利用している[16]と考えられます。

また，このように一方的に購入先を指定され，たとえば，X社の子会社から購入せざるを得なくなり，その結果，予定していた調達価格よりも高い価格で使用機材を調達することとなると，Z社の利益が圧迫されることとなるといえます[17]。

以上からして，使用機材の購入先をX社の子会社に指定し，Z社に購入させることは，X社の取引上の地位を不当に利用するものであり，また，Z社の利益を害する可能性があります。仮にそうだとすれば，X社の対応は，建設業法19条の4に違反すると考えます。このことは，Z社が免税事業者であることによって正当化されるものではありません。

---

16 「自己の取引上の地位を不当に利用する」とは，工事を多量かつ継続的に注文することにより優越的な地位にある注文者が，請負人の指名権，選択権等を背景に，請負人を経済的に不当に圧迫するような取引等を強いることとされています（建設業法研究会・前掲注12・237頁）。

17 本文に掲げたもの以外で請負人の利益が害される場合としては，すでに購入していた使用機材を返却せざるを得なくなり，金銭面及び信用面における損害を受けるとともに，その結果，従来から継続的取引関係にあった販売店との取引関係が極度に悪化してしまった，といった場合も考えられます（建設業法研究会・前掲注12・237頁）。

ポイント

- □ 注文者が，自らの取引上の地位を不当に利用して，指定業者から使用資材を購入するよう強制し，下請工事業者による安い使用資材の調達可能性を奪うような場合には，建設業法違反となる。
- □ このような行為は，下請工事業者が免税事業者であることを理由に正当化されることはない。

Ⅵ　取引停止

Q27　免税事業者との取引停止と優越的地位の濫用

当社（X社）は，受注者（仕入先）のV社から商品甲を仕入れていますが，V社が免税事業者であり，V社との取引については仕入税額控除ができないことから，V社との取引を停止し，同じ商品甲を取り扱う他社から仕入れたいと考えています。このような対応には問題があるでしょうか。

A　事業者が誰と取引するかは基本的に自由ですので，V社との取引を停止することが直ちに問題となるわけではありません。ただし，V社に対し，一方的に，V社が負担していた消費税額も支払えないような著しく低い取引価格を設定し，V社がこれに応じない場合には取引を停止するというような場合には，独禁法上の優越的地位の濫用に当たる可能性があります。

解説

(1)　取引停止の自由

事業者同士においては，契約自由の原則により，どのような契約条件で取引をするかは当事者間に委ねられています。また，どのような場合に取引を停止，終了するかも自由に決めることが可能です。このことは，取引先が免税事業者である場合も変わりません。

したがいまして，X社も，V社との間で商品甲の取引を停止することは基本的には自由といえます。

⑵　取引停止が問題となる場合

①　取引条件見直しＱ＆Ａの内容

もっとも，事業者同士の力関係が対等であれば問題ありませんが，そうでない場合に取引停止を自由に認めてしまいますと，優越的地位にある事業当事者が，一方的な理由で取引を停止してしまうことになりかねません。

取引条件見直しＱ＆ＡのＱ７の「５　取引の停止」にも，「事業者がどの事業者と取引するかは基本的に自由ですが，例えば，取引上の地位が相手方に優越している事業者（買手）が，インボイス制度の実施を契機として，免税事業者である仕入先に対して，一方的に，免税事業者が負担していた消費税額も払えないような価格など著しく低い取引価格を設定し，不当に不利益を与えることとなる場合であって，これに応じない相手方との取引を停止した場合には，独占禁止法上問題となるおそれがあります。」とあります。

②　免税事業者が負担していた消費税額も払えないような価格とは

では，「免税事業者が負担していた消費税額も払えないような価格」というのは，具体的にどのような価格でしょうか。

この点，「免税事業者が負担していた消費税額も払えないような価格」は，「免税事業者の仕入れや諸経費の支払いに係る消費税の負担」を考慮しない価格（取引条件見直しＱ＆ＡのＱ７の「１　取引対価の引下げ」参照）と同義であると思われます。そうすると，**Ｑ５**のとおり，「免税事業者の仕入れや諸経費の支払いに係る消費税の負担」を考慮しない価格というのは，益税相当分を超えた価格と考えられることから，「免税事業者が負担していた消費税額も払えないような価格」というのは，益税相当分を超えて引き下げられた価格ということになると考えます。

したがいまして，免税事業者の益税相当分を超えた取引価格の引下げを提示し，それに応じなければ取引を停止するといった一方的な対応をすると，独禁法上の優越的地位の濫用に当たるものと思われます。

(3)　X社の対応は優越的地位の濫用に当たるか

以上をまとめると，X社が，V社との間で取引価格の引下げ等について，V社の益税を超えない範囲で真摯に協議を行い，それでも合意に至らなかったような場合にV社との取引を停止することは特段の問題はないと思われます。

一方，X社がV社に対し，取引価格の引下げについて，V社の益税の範囲を超える引下げ額を提示し，しかも，その提示額に応じなければ取引を停止するなどと迫ったような場合には，独禁法上の優越的地位の濫用に当たるものと思われます。

ポイント

- □ 免税事業者との取引も，免税事業者と真摯に協議した上で停止することは特に問題ない。
- □ しかし，免税事業者に対し，免税事業者の益税相当分を超える額の取引価格の引下げを提示し，それに応じなければ取引を停止するなどと一方的に伝えるような場合には，優越的地位の濫用に当たりうる。

Ⅶ　登録事業者となることの慫慂等

1　独禁法上（優越的地位の濫用）の問題

Q28　慫慂行為と優越的地位の濫用

当社（X社）は，受注者（仕入先）のV社から商品甲を仕入れていますが，V社が免税事業者であり，V社との取引については仕入税額控除ができないことから，V社には課税事業者になり，インボイス登録をしてもらいたいと思っています。V社に対して課税事業者になるよう求めることは問題があるでしょうか。

A　課税事業者になるよう要請すること自体は問題ありませんが，そのような要請にとどまらず，課税事業者にならなければ，消費税相当額を取引価格から引き下げるとか，それにも応じなければ取引を打ち切ることにするなどと通告することは，独禁法上の優越的地位の濫用に当たると思われます。

解説

(1)　検　討

①　慫慂の原則的取扱い

第1章の**Q7**でご説明したとおり，免税事業者は，インボイスの発行事業者になるかどうか（その前提としての課税事業者となるかどうか）を自ら選択することができます。取引先が免税事業者の場合，あくまで最終的にはその取引先の自由判断に委ねるという前提で，その取引先に課税事業者になるよう求めること自体は，特段の問題はないといえます。

取引条件見直しＱ＆ＡのＱ７の「６　登録事業者となるような慫慂等」においても，「課税事業者が，インボイスに対応するために，取引先の免税事業者に対し，課税事業者になるよう要請することがあります。このような要請を行うこと自体は，独占禁止法上問題となるものではありません。」と述べています。

②　慫慂が問題となる場合

ところが，優越的地位にある事業者が取引先に圧力をかけ，事実上，課税事業者になること以外の選択を取らせないようにすることも許容してしまうと，取引先が不当に経済的な不利益を被ることになります。

そのため，取引条件見直しＱ＆ＡのＱ７の「６　登録事業者となるような慫慂等」においては，「課税事業者になるよう要請することにとどまらず，課税事業者にならなければ，取引価格を引き下げるとか，それにも応じなければ取引を打ち切ることにするなどと一方的に通告することは，独占禁止法上……，問題となるおそれがあります。」とされています。

実際に，イラスト制作業者がイラストレーターに対し，経過措置[18]により一定の範囲で仕入税額控除が認められているにもかかわらず，インボイス制度の実施後も課税事業者に転換せず，免税事業者を選択する場合には，消費税相当額を取引価格から引き下げると文書で伝えるなど一方的に通告を行ったケースにおいて，公取委がイラスト制作業者に対して独禁法違反行為の未然防止の観点から注意を行ったようです[19]。

(2)　Ｘ社の対応は優越的地位の濫用に当たるか

以上からすると，Ｘ社がＶ社に対し，最終的にはＶ社の自由判断に委ねる前提で，課税事業者になるよう求めることは特に問題がありません。しかし，Ｖ社に対し，課税事業者にならないと消費税相当額を引き下げるとか，取引

18　インボイス制度の下でも，経過措置により，免税事業者からの仕入れについても，令和５年（2023年）10月１日から令和８年（2026年）９月30日までは仕入税額相当額の80％の割合で，同年10月１日から令和11年（2029年）９月30日までは仕入税額相当額の50％の割合で仕入税額控除の対象となります（詳細については，第１章の**Ｑ８**参照）。

19　インボイス注意事例「２　注意事例」（**巻末資料４**）。なお，公取委による注意及び公表は，インボイス制度実施前に行われています。

を打ち切るなどと一方的に通告しますと，独禁法上の優越的地位の濫用に当たる可能性があります。

ポイント

- □ 受注者（仕入先）に対し，インボイスの発行ができるように課税事業者になってほしいと伝えること自体は問題がない。
- □ しかし，課税事業者にならないと消費税相当額を引き下げるなどと一方的に通告し，事実上，受注者（仕入先）に対して課税事業者となることを強制するような場合には，優越的地位の濫用となりうる。

2　下請法上の問題

Q29　慫慂行為と下請法違反

当社（X社）は，下請事業者W社に商品乙の製造を委託し，それを納品してもらう契約を結んでいますが，W社が免税事業者であり，W社との取引については仕入税額控除ができないことから，W社には課税事業者になり，インボイス登録をしてもらいたいと思っています。W社に対して課税事業者となるよう求めることは問題があるでしょうか。

A　課税事業者になるよう要請すること自体は問題ありませんが，そのような要請にとどまらず，たとえば，課税事業者にならなければ，消費税相当額を取引価格から引き下げるなどと通告すると，下請法上問題になり得ます。

解説

(1)　検　討

① 慫慂の原則的取扱い

第1章の**Q7**でご説明したとおり，免税事業者は，インボイスの発行事業者になるかどうか（その前提としての課税事業者となるかどうか）を自ら選択することができます。受注者（仕入先）である下請事業者が免税事業者の場合，あくまで最終的にはその下請事業者の自由判断に委ねるという前提で，その下請事業者に対して課税事業者になるよう求めること自体は，特段の問題はないといえます。

② 慫慂が問題となる場合

ところが，自らが親事業者であるという立場を利用し，下請事業者に対して圧力をかけ，事実上，課税事業者になること以外の選択を取らせないようにすることも許容してしまうと，下請事業者が不当に経済的な不利益を被ることになってしまいます。

そのため，取引条件見直しＱ＆ＡのＱ７の「６　登録事業者となるような慫慂等」では，「課税事業者になるよう要請することにとどまらず，課税事業者にならなければ，取引価格を引き下げるとか，それにも応じなければ取引を打ち切ることにするなどと一方的に通告することは，……下請法上，問題となるおそれがあります。」とされています。

(2)　Ｘ社の対応は下請法違反となるか

以上からすると，Ｘ社がW社に対し，最終的にはW社の自由判断に委ねる前提で，課税事業者になるよう求めることは特に問題がありません。しかし，たとえば，W社に対し，課税事業者にならないと消費税相当額を取引価格から引き下げるなどと一方的に通告しますと，下請法違反となる可能性があります[20]。

ポイント

- □ 受注者（仕入先）である下請事業者に対し，インボイスの発行ができるように課税事業者になってほしいと伝えること自体は問題がない。
- □ しかし，課税事業者にならないと消費税相当額を引き下げるなどと一方的に通告し，事実上，下請事業者に対して課税事業者となることを強制するような場合には，下請法違反となる可能性がある。

20　インボイス注意事例「３　独占禁止法上又は下請法上の考え方」（**巻末資料４**）

3　フリーランス法上の問題

Q30　慫慂行為とフリーランス法違反

当社（X社）は，フリーランスのYに，広告のイラスト制作を委託し，それを納品してもらう契約を結んでいますが，Yが免税事業者であり，Yとの取引については仕入税額控除ができないことから，Yには課税事業者になり，インボイス登録をしてもらいたいと思っています。Yに対して課税事業者になるよう求めることは問題があるでしょうか。

A　課税事業者になるよう要請すること自体は問題ありませんが，そのような要請にとどまらず，たとえば，課税事業者にならなければ，消費税相当額を取引価格から引き下げるなどと一方的に通告すると，フリーランス法上問題になり得ます。

解説

(1)　検　討

①　慫慂の原則的取扱い

第1章の**Q7**でご説明したとおり，免税事業者は，インボイスの発行事業者になるかどうか（その前提としての課税事業者となるかどうか）を自ら選択することができます。受注者（仕入先）であるフリーランスが免税事業者の場合，あくまで最終的にはそのフリーランスの自由判断に委ねるという前提で，そのフリーランスに課税事業者となるよう求めること自体は，特段の問題はないといえます。

②　慫慂が問題となる場合

ところが，自らが特定業務委託事業者であるという立場を利用し，フリーランス（特定受託事業者）に圧力をかけ，事実上，課税事業者になること以外の選択を取らせないようにすることも許容してしまうと，フリーランスが不当に経済的な不利益を被ることになってしまいます。そのため，慫慂が全く無制限に許されるということにはならないと考えます。

この点，取引条件見直しＱ＆ＡのＱ７の「６　登録事業者となるような慫慂等」においては，「課税事業者になるよう要請することにとどまらず，課税事業者にならなければ，取引価格を引き下げるとか，それにも応じなければ取引を打ち切ることにするなどと一方的に通告することは，……下請法上，問題となるおそれがあります。」とされています。この取引条件見直しＱ＆Ａを参考にすると，フリーランスに対し，課税事業者になるよう要請することにとどまらず，課税事業者にならなければ，取引価格を引き下げるとか，それにも応じなければ取引を打ち切ることにするなどと一方的に通告することも，やはりフリーランス法上問題があるといえます。

(2)　Ｘ社の対応はフリーランス法違反となるか

以上のとおり，Ｘ社がＹに対し，最終的にはＹの自由判断に委ねる前提で，課税事業者になるよう求めることは特に問題がありません。しかし，たとえば，Ｙに対し，課税事業者にならないと消費税相当額を取引価格から引き下げるなどと一方的に通告しますと，フリーランス法違反となる可能性があります[21]。

21　前掲注20参照

ポイント

- □ 受注者（仕入先）であるフリーランスに対し，インボイスの発行ができるように課税事業者になってほしいと伝えること自体は問題がない。
- □ しかし，課税事業者にならないと消費税相当額を引き下げるなどと一方的に通告し，事実上，フリーランスに対して課税事業者となることを強制するような場合には，フリーランス法違反となる可能性がある。

Column

税理士が競争法についてアドバイスをすることの可否

税理士の方は，インボイス制度をはじめとする消費税制度についてご相談をお受けする際に，インボイス制度と取引条件の見直しについてもご相談をお受けすることもあるように思います。では，税理士の方がこのようなご相談に回答することは可能なのでしょうか。

この点，弁護士法72条本文は，弁護士又は弁護士法人でない者が，報酬を得る目的で，訴訟事件やその他一般の法律事件に関し，鑑定，代理やその他の法律事務を取り扱うことを禁止しています。これを「非弁行為の禁止」といいます。第３章でご説明したとおり，取引条件の見直しというのは，独禁法等の競争法に関する事項ですので，弁護士以外の方が，報酬を得る目的でこの点についてアドバイスをしてしまいますと，非弁行為をしたと判断されるリスクがあります。そして，非弁行為を行った場合，２年以下の懲役又は300万円以下の罰金が科されかねません（弁護士法77条３号）。

このようなことからしますと，税理士の方がインボイス制度と取引条件の見直しについてアドバイスされることは，非弁行為の禁止との関係でご注意ください。

一方で，アドバイスができないことと，競争法についての知識があることは別であると思われます。お客様の中には，「インボイスのことだから，全部税理士が答えてくれる。」と考えていらっしゃる方もいるでしょうが，そのような方に対して適切な対応，アドバイスをするためにも，法律上，どこまでアドバイスができ，どこからできないのかを正しく知っておくことは，税理士の方が自らの身を守るためにも重要であると考えます。

巻末資料１

免税事業者及びその取引先のインボイス制度への対応に関するＱ＆Ａ（抄）

令和４年１月19日
財　　務　　省
公正取引委員会
経　済　産　業　省
中　小　企　業　庁
国　土　交　通　省
改正：令和４年３月８日

Ｑ７　仕入先である免税事業者との取引について，インボイス制度の実施を契機として取引条件を見直すことを検討していますが，独占禁止法などの上ではどのような行為が問題となりますか。

Ａ　事業者がどのような条件で取引するかについては，基本的に，取引当事者間の自主的な判断に委ねられるものですが，免税事業者等の小規模事業者は，売上先の事業者との間で取引条件について情報量や交渉力の面で格差があり，取引条件が一方的に不利になりやすい場合も想定されます。

自己の取引上の地位が相手方に優越している一方の当事者が，取引の相手方に対し，その地位を利用して，正常な商慣習に照らして不当に不利益を与えることは，優越的地位の濫用として，独占禁止法上問題となるおそれがあります。

仕入先である免税事業者との取引について，インボイス制度の実施を契機として取引条件を見直すことそれ自体が，直ちに問題となるものではありませんが，見直しに当たっては，「優越的地位の濫用」に該当する行為を行わないよう注意が必要です。

以下では，インボイス制度の実施を契機として，免税事業者と取引を行う事業者がその取引条件を見直す場合に，優越的地位の濫用として問題となるおそれがある行為であるかについて，行為類型ごとにその考え方を示します（注１）。

また，以下に記載する行為類型のうち，下請法の規制の対象となるもの（注２）については，その考え方を明らかにします。下請法と独占禁止法のいずれも適用可能な行為については，通常，下請法が適用されます。なお，以下に記載する行為類型のうち，建設業を営む者が業として請け負う建設工事の請負契約におけるものについては，下請法ではなく，建設業法が適用されますので，建設業法の規制の対象となる場合についても，その考え方を明らかにします。

（注１）以下において，独占禁止法上問題となるのは，行為者の地位が相手方に優越していること，また，免税事業者が今後の取引に与える影響等を懸念して，行為者による要請等を受け入れざるを得ないことが前提となります。

（注２）事業者（買手）と免税事業者である仕入先との取引が，下請法にいう親事業者と下請事業者の取引に該当する場合であって，下請法第２条第１項から第４項までに規定する①製造委託，②修理委託，③情報成果物作成委託，④役務提供委託に該当する場合には，下請法の規制の対象となります。

（参考１）優越的地位の濫用規制に関する独占禁止法上の基本的な考え方は，「優越的地位の濫用に関する独占禁止法上の考え方」（平成22年公正取引委員会）で示しているとおりです。

（参考２）下請法の運用に関する基本的な考え方は，「下請代金支払遅延等防止法に関する運用基準」（平成15年公正取引委員会事務総長通達第18号）で示しているとおりです。

（参考３）建設工事の請負契約に係る元請負人と下請負人との関係については，「建設業法令遵守ガイドライン（第７版）」（令和３年７月　国土交通省不動産・建設経済局建設業課）で具体的に示しています。

（参考４）下請法及び建設業法並びに独占禁止法の優越的地位の濫用規制に関するご相談については，別紙の「下請法及び建設業法並びに優越的地位の濫用規制に係る相談窓口」までお問い合わせください。

1　取引対価の引下げ

取引上優越した地位にある事業者（買手）が，インボイス制度の実施後の免税事業者との取引において，仕入税額控除ができないことを理由に，免税事業者に対して取引価格の引下げを要請し，取引価格の再交渉において，仕入税額控除が制限される分(注３)について，免税事業者の仕入れや諸経費の支払いに係る消費税の負担をも考慮した上で，双方納得の上で取引価格を設定すれば，結果的に取引価格が引き下げられたとしても，独占禁止法上問題となるものではありません。

しかし，再交渉が形式的なものにすぎず，仕入側の事業者（買手）の都合のみで著しく低い価格を設定し，免税事業者が負担していた消費税額も払えないような価格を設定した場合には，優越的地位の濫用として，独占禁止法上問題となります。

また，取引上優越した地位にある事業者（買手）からの要請に応じて仕入先が免税事業者から課税事業者となった場合であって，その際，仕入先が納税義務を負うこととなる消費税分を勘案した取引価格の交渉が形式的なものにすぎず，著しく低い取引価格を設定した場合についても同様です。

（注３）免税事業者からの課税仕入れについては，インボイス制度の実施後３年間は，

仕入税額相当額の８割，その後の３年間は同５割の控除ができることとされています。

なお，下請法の規制の対象となる場合で，事業者（買手）が免税事業者である仕入先に対して，仕入先の責めに帰すべき理由がないのに，発注時に定めた下請代金の額を減じた場合には，下請法第４条第１項第３号で禁止されている下請代金の減額として問題となります。この場合において，仕入先が免税事業者であることは，仕入先の責めに帰すべき理由には当たりません。

また，下請法の規制の対象となる場合で，事業者（買手）が免税事業者である仕入先に対して，給付の内容と同種又は類似の内容の給付に対して通常支払われる対価に比べて，免税事業者が負担していた消費税額も払えないような下請代金など，著しく低い下請代金の額を不当に定めた場合には，下請法第４条第１項第５号で禁止されている買いたたきとして問題となります。

下請法の規制の対象となる場合で，事業者（買手）からの要請に応じて仕入先が免税事業者から課税事業者となった場合であって，給付の内容と同種又は類似の内容の給付に対して通常支払われる対価に比べて著しく低い下請代金の額を不当に定めた場合についても，同様です。

なお，建設業法の規制の対象となる場合で，元請負人（建設工事の下請契約における注文者で建設業者であるもの。以下同じ。）が，自己の取引上の地位を不当に利用して免税事業者である下請負人（建設工事の下請契約における請負人。以下同じ。）と合意することなく，下請代金の額を一方的に減額して，免税事業者が負担していた消費税額も払えないような代金による下請契約を締結した場合や，免税事業者である下請負人に対して，契約後に，取り決めた下請代金の額を一方的に減額した場合等により，下請代金の額がその工事を施工するために通常必要と認められる原価に満たない金額となる場合には，建設業法第19条の３の「不当に低い請負代金の禁止」の規定に違反する行為として問題となります。

2　商品・役務の成果物の受領拒否，返品

取引上の地位が相手方に優越している事業者（買手）が，仕入先から商品を購入する契約をした後において，仕入先が免税事業者であることを理由に，商品の受領を拒否することは，優越的地位の濫用として問題となります。

また，同様に，当該仕入先から受領した商品を返品することは，どのような場合に，どのような条件で返品するかについて，当該仕入先との間で明確になっておらず，当該仕入先にあらかじめ計算できない不利益を与えることとなる場合，その他正当な理由がないのに，当該仕入先から受領した商品を返品する場合には，優越的地位の濫用として問題となります。

なお，下請法の規制の対象となる場合で，事業者（買手）が免税事業者である仕入先に対して，仕入先の責めに帰すべき理由がないのに，給付の受領を拒む場合又は仕入先に給付に係る物を引き取らせる場合には，下請法第４条第１項第１号又は第４号で禁止されている受領拒否又は返品として問題となります。この場合において，仕入先が免税事業者であることは，仕入先の責めに帰すべき理由には当たりません。

3　協賛金等の負担の要請等

取引上優越した地位にある事業者（買手）が，インボイス制度の実施を契機として，免税事業者である仕入先に対し，取引価格の据置きを受け入れるが，その代わりに，取引の相手方に別途，協賛金，販売促進費等の名目での金銭の負担を要請することは，当該協賛金等の負担額及びその算出根拠等について，当該仕入先との間で明確になっておらず，当該仕入先にあらかじめ計算できない不利益を与えることとなる場合や，当該仕入先が得る直接の利益等を勘案して合理的であると認められる範囲を超えた負担となり，当該仕入先に不利益を与えることとなる場合には，優越的地位の濫用として問題となります。

その他，取引価格の据置きを受け入れる代わりに，正当な理由がないのに，発注内容に含まれていない役務の提供その他経済上の利益の無償提供を要請することは，優越的地位の濫用として問題となります。

なお，下請法の規制の対象となる場合で，事業者（買手）が免税事業者である仕入先に対して，自己のために金銭，役務その他の経済上の利益を提供させることによって，仕入先の利益を不当に害する場合には，下請法第４条第２項第３号で禁止されている不当な経済上の利益の提供要請として問題となります。

4　購入・利用強制

取引上優越した地位にある事業者（買手）が，インボイス制度の実施を契機として，免税事業者である仕入先に対し，取引価格の据置きを受け入れるが，その代わりに，当該取引に係る商品・役務以外の商品・役務の購入を要請することは，当該仕入先が，それが事業遂行上必要としない商品・役務であり，又はその購入を希望していないときであったとしても，優越的地位の濫用として問題となります。

なお，下請法の規制の対象となる場合で，事業者（買手）が免税事業者である仕入先に対して，給付の内容を均質にし，又はその改善を図るため必要がある場合その他正当な理由がある場合を除き，自己の指定する物を強制して購入させ，又は役務を強制して利用させる場合には，下請法第４条第１項第６号で禁止されている購入・利用強制として問題となります。

また，建設業法の規制の対象となる場合で，元請負人が，免税事業者である下請負人と下請契約を締結した後に，自己の取引上の地位を不当に利用して，当該下請負人に使用資材若しくは機械器具又はこれらの購入先を指定し，これらを当該下請負人に購入させて，その利益を害すると認められた場合には，建設業法第19条の４の「不当な使用資材等の購入強制の禁止」の規定に違反する行為として問題となります。

５　取引の停止

事業者がどの事業者と取引するかは基本的に自由ですが，例えば，取引上の地位が相手方に優越している事業者（買手）が，インボイス制度の実施を契機として，免税事業者である仕入先に対して，一方的に，免税事業者が負担していた消費税額も払えないような価格など著しく低い取引価格を設定し，不当に不利益を与えることとなる場合であって，これに応じない相手方との取引を停止した場合には，独占禁止法上問題となるおそれがあります。

６　登録事業者となるような慫慂等

課税事業者が，インボイスに対応するために，取引先の免税事業者に対し，課税事業者になるよう要請することがあります。このような要請を行うこと自体は，独占禁止法上問題となるものではありません。

しかし，課税事業者になるよう要請することにとどまらず，課税事業者にならなければ，取引価格を引き下げるとか，それにも応じなければ取引を打ち切ることにするなどと一方的に通告することは，独占禁止法上又は下請法上，問題となるおそれがあります。例えば，免税事業者が取引価格の維持を求めたにもかかわらず，取引価格を引き下げる理由を書面，電子メール等で免税事業者に回答することなく，取引価格を引き下げる場合は，これに該当します。また，免税事業者が，当該要請に応じて課税事業者となるに際し，例えば，消費税の適正な転嫁分の取引価格への反映の必要性について，価格の交渉の場において明示的に協議することなく，従来どおりに取引価格を据え置く場合についても同様です（上記１，５等参照）。

したがって，取引先の免税事業者との間で，取引価格等について再交渉する場合には，免税事業者と十分に協議を行っていただき，仕入側の事業者の都合のみで低い価格を設定する等しないよう，注意する必要があります。

巻末資料2

独占禁止法に関する相談事例集（令和3年度）（抄）

令和4年6月
公正取引委員会

相談事例7　協同組合が委託を受けた運送業務を消費税の免税事業者である組合員に再委託を行う場合に，当該再委託の代金について消費税相当額を差し引いて支払う取組

運送業務を行う事業者を組合員とする協同組合が，共同事業として行う運送業務について，その配分先である組合員が消費税の免税事業者である場合，運送代金から消費税相当額の手数料を別途差し引いて支払うことについて，取引価格の交渉が形式的なものにすぎず，免税事業者との十分な協議を行うことなく，協同組合の都合のみで，免税事業者が負担していた消費税額も払えないような価格を一方的に設定した場合には，優越的地位の濫用として独占禁止法上問題となるおそれがあると回答した事例

1　相談者

X協同組合連合会（運送業務を行う事業者を組合員とする協同組合の全国団体）

2　相談の要旨

(1)ア　X協同組合連合会は，運送業務を行う組合員で組織された協同組合（以下「組合」という。）の全国団体である。

組合に加盟する組合員（以下「組合員」という。）は，日本全国の一定地域においてそれぞれ運送業務を行っている。

イ　組合員が行う運送業務には，組合が依頼主から運送業務を受注し，組合員に配分する共同受注と，直接依頼主から運送業務を受注する個別受注の二つがある。

(2)ア　令和5年10月1日から，基準期間の課税売上高が1000万円を超えることから消費税法上の納税義務を負う事業者（以下「課税事業者」という。）が仕入れの際に発生した消費税を差し引くことができる方法（以下「仕入税額控除」という。）として，複数税率に対応した適格請求書等保存方式（以下「インボイス制度」という。）が導入される。インボイス制度における適格請求書（以下「インボイス」という。）とは，売手が買手に対して正確な適用税率や消費税額等を伝えるために，登録番号，適用税率，税率ごとに区分した消費税額等の一定の事項を記載した文書である。

イ　インボイス制度の導入以降，①課税事業者及び②基準期間の課税売上高が1000万円以下であることから消費税法上の納税義務を負わない事業者（以下「免税事業者」という。）であっても消費税の納税を行おうとする者は，国税庁への所要の登録を行うことで，インボイスを発行することができる。

ウ　他方，国税庁への所要の登録を行わない免税事業者は，インボイスを発行することができない。

エ　インボイス制度が導入された後は，課税事業者は，インボイスがなければ仕入税額控除ができなくなる。

(3)ア　現在，組合員には，課税事業者と免税事業者が存在している（以下，課税事業者の組合員を「課税組合員」といい，免税事業者の組合員を「免税組合員」という。)。

イ　しかしながら，インボイス制度が導入されても，全ての免税組合員が課税組合員に転換せず，免税組合員が一定程度残ることが予想される。

(4)ア　依頼主が，組合に対して運送業務を委託（組合による共同受注）すれば，当該組合からインボイスの発行を受けることができるため，依頼主は仕入税額控除をすることができる。

イ　運送業務の共同受注の流れは以下のとおりである。

(ア)　組合は，共同事業として依頼主から受注した運送業務を組合員に配分する。

(イ)　組合員は，当該運送業務を終えた後，組合に対して，実際に要した距離及び時間を報告する。

(ウ)　組合は，前記(イ)の報告を基に計算した運送代金に消費税を加えて，依頼主に請求する。

(エ)　組合は，依頼主から前記(ウ)の支払（消費税を含む。）を受け，組合の手数料を差し引いた上で，組合員に支払う。

ウ　インボイス制度が導入された後，組合が依頼主から共同受注した運送業務について，

(ア)　課税組合員に配分した場合，課税組合員が組合に対してインボイスを発行することで，組合は仕入税額控除（依頼主から支払を受けた運送代金に係る消費税から，課税組合員に運送代金を支払う際の消費税を差し引く。）をすることができ，組合が仕入税額控除をした残りの消費税額を課税組合員が納税することとなる。

(イ)　免税組合員に配分した場合，免税組合員は組合に対してインボイスを発行することができず，組合は仕入税額控除をすることができないため，前記(ア)で課税組合員が納税する分の消費税を組合が納税する必要が生じる。そのため，課税組合員に配分した場合よりも，組合が負担する消費税の納税額が増加するこ

とになる。

(5) そこで，組合は，免税組合員に対して，組合が共同受注する運送事業を配分した際の運送代金を精算するに当たり，依頼主から入金される代金から，別途消費税相当額（10パーセント）の手数料を差し引いた金額を支払うことを検討している。

このような組合の取組（以下「本件取組」という。）は，独占禁止法上問題となるか。

○本件取組の概要図

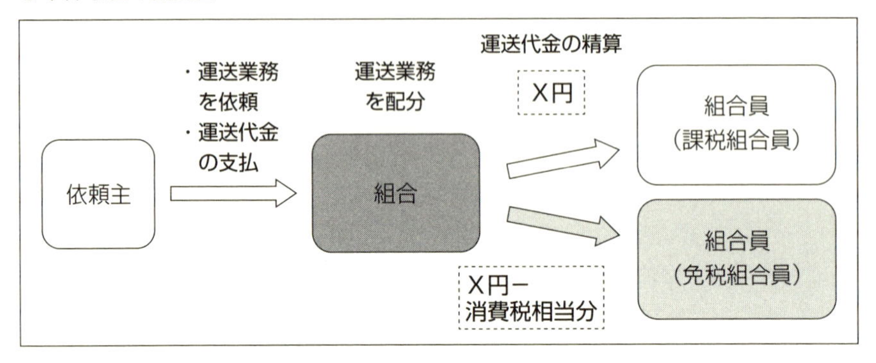

3 独占禁止法上の考え方

事業者団体が，事業者としての性格を併せ持つときに，自ら主体となって事業を行うに際して不公正な取引方法を用いれば，独占禁止法第19条の規定に違反する（事業者団体ガイドライン第２－６（不公正な取引方法））。

(1) 独占禁止法第２条第９項第５号関係

ア 自己の取引上の地位が相手方に優越していることを利用して，正常な商慣習に照らして不当に，取引の相手方に不利益となるように取引の条件を設定することは，優越的地位の濫用（独占禁止法第２条第９項第５号）に該当する。

イ 本件取組は，組合が依頼主に対してインボイスを発行し，依頼主から入金された代金を組合員に支払うに当たり，組合にインボイスを発行できない組合員については，別途，消費税相当額の手数料を差し引くことにより，課税組合員に同等の運送業務を配分したときよりも低い取引価格を支払うというものである。

ウ 本件取組については，組合が，インボイス制度が導入された後，免税組合員に対して，消費税相当額の手数料を差し引くことを要請し，取引価格の再交渉において，免税事業者の諸経費の支払に係る消費税の負担をも考慮した上で，双方納得の上で取引価格を設定するのであれば，取引価格の決定方法が不当とはいえない。

しかし，当該再交渉が形式的なものにすぎず，組合の都合のみで，免税組合員が負担していた消費税額も払えないような価格を一方的に設定した場合には，独占禁止法上問題となるおそれがある。

⑵　独占禁止法第２条第９項第２号若しくは一般指定第３項又は一般指定第５項関係

ア　事業者が，不当に，地域又は相手方により差別的な対価をもって，商品若しくは役務を供給し，又はこれらの供給を受けることは，差別対価（独占禁止法第２条第９項第２号又は一般指定第３項（差別対価））に該当する。

また，事業者団体若しくは共同行為からある事業者を不当に排斥し，又は事業者団体の内部若しくは共同行為においてある事業者を不当に差別的に取り扱い，その事業者の事業活動を困難にさせることは，事業者団体における差別取扱い等（一般指定第５項）に該当する。

イ　本件取組は，組合が依頼主に対してインボイスを発行し，依頼主から入金された代金を組合員に支払うに当たり，組合にインボイスを発行できない組合員については，別途，消費税相当額の手数料を差し引くというものである。

組合が免税組合員に再委託した運送業務の代金を支払う場合，組合は，免税組合員からインボイスの発行を受けられず，仕入税額控除ができないことから，課税組合員に再委託した運送業務の代金を支払う場合と比較して，消費税の納税額が増加することになる。

経済活動において，取引条件の相違を反映して取引価格に差が設けられることは，広く一般にみられることであり，本件のようなコスト差を手数料率に反映することは，その結果，免税組合員への支払額が課税組合員への支払額より少なくなるとしても，正当なコスト差に基づくものである場合には，免税組合員を不当に差別的に取り扱うものとまでは直ちに認められない。

また，免税組合員が共同受注そのものから排斥されるわけではないため，免税組合員を差別的に取り扱うものではなく，本件取組をもって直ちに免税組合員の事業活動が困難になるとはいえない。

したがって，本件取組は，差別対価及び事業者団体における差別取扱い等の観点から，独占禁止法上問題となるものではない。

４　回答

本件取組は，取引価格の交渉が形式的なものにすぎず，免税組合員との十分な協議を行うことなく，組合の都合のみで，免税事業者が負担していた消費税額も払えないような価格を一方的に設定した場合には，優越的地位の濫用として独占禁止法上問題となるおそれがある。

巻末資料3

独占禁止法に関する相談事例集（令和4年度）（抄）

令和5年6月
公正取引委員会

相談事例9　協同組合の行うチケット事業において，免税組合員に対して従来のチケット換金手数料に加え消費税相当額として仕入税額控除に係る経過措置を考慮しない金額を徴収する取組

> 運送業務を営む事業者を組合員とする協同組合が，共同事業として行うチケット事業において組合員に対してチケット換金手数料を徴収するに当たり，免税組合員に対しては，従来のチケット換金手数料に加え消費税相当額として仕入税額控除に係る経過措置を考慮しない10%分の金額を徴収することは，独占禁止法上問題となるおそれがあると回答した事例

1　相談者

X協同組合（運送業務を営む事業者を組合員とする協同組合）

2　相談の要旨

(1)ア　X協同組合は，運送業務を営む事業者を組合員とする協同組合であり，独占禁止法第22条各号の要件を備えている。

イ　X協同組合は，共同経済事業として，共通乗車券（以下「チケット」という。）の発行等とこれに伴う組合員への利益配分（チケット事業）を行っている。

ウ　組合員の運送業務の利用者（以下「利用者」という。）が支払にチケットを用いた場合，X協同組合は，当該利用者との間でチケット利用分の代金の精算をまとめて行い，組合員に対して配分するとともに，組合員からチケット換金手数料として運送代金に一定の率を掛けて得られた額を徴収している。

(2)ア　令和5年10月1日から，基準期間における課税売上高が1000万円を超えること等により消費税法上の納税義務を負う事業者（以下「課税事業者」という。）が仕入れの際に発生した消費税額を売上げに係る消費税額から差し引くこと（以下「仕入税額控除」という。）ができる仕組みとして，複数税率に対応した適格請求書等保存方式（以下「インボイス制度」という。）が導入される。インボイス制度における適格請求書（以下「インボイス」という。）とは，売手が買手に対して正確な適用税率や消費税額等を伝えるために，登録番号，適用税率，税率ごと

に区分した消費税額等の一定の事項を記載した文書（電磁的記録を含む。）である。

イ　インボイス制度の導入以降，①課税事業者及び②基準期間における課税売上高が1000万円以下であることから消費税法上の納税義務を負わない事業者（以下「免税事業者」という。）であっても消費税の申告を行おうとする者は，税務署長への所要の登録を行うことで，インボイスを発行することができる。

ウ　他方，税務署長への所要の登録を行わない免税事業者は，インボイスを発行することができない。

エ　インボイス制度が導入された後は，課税事業者は，原則として，インボイスがなければ仕入税額控除ができなくなる。

オ　仕入税額控除については，取引への影響に配慮して経過措置が設けられており，免税事業者からの仕入れについても制度導入後３年間は消費税相当額の８割，その後の３年間は５割を仕入税額控除することが可能とされている。

(3)ア　インボイス制度導入後，利用者が，X協同組合と契約してチケットの発行を受け，当該チケットで組合員の運送代金を支払った場合，X協同組合が課税事業者であるためインボイスの発行を受けることができ，利用者は仕入税額控除をすることができる。

イ　インボイス制度導入後，組合員には，所要の登録をしてインボイスを発行することができるようになった事業者（所要の登録をして免税事業者から課税事業者となる者を含む。）及び所要の登録を行わずインボイスを発行することができない免税事業者が存在することが想定される（以下，インボイスを発行することができる組合員を「課税組合員」といい，インボイスを発行することができない組合員を「免税組合員」という。）。

ウ(ア)　インボイス制度導入後，利用者が課税組合員の運送業務を利用した場合には，課税組合員がX協同組合に対してインボイスを発行することで，X協同組合は仕入税額控除をすることができ，X協同組合が課税組合員に支払った運送代金に係る消費税額を課税組合員が納税することとなる。

(イ)　インボイス制度導入後，利用者が免税組合員の運送業務を利用した場合には，免税組合員はX協同組合に対してインボイスを発行することができず，X協同組合は仕入税額控除をすることができないため，前記(ア)で課税組合員が納税する分の消費税相当額をX協同組合が納税する必要が生じる。そのため，課税組合員の運送業務が利用された場合よりも，X協同組合の消費税の納税額が増加することとなる。

(4) そこで，X協同組合は，チケット換金手数料を徴収するに当たり，課税組合員に対しては，従来のチケット換金手数料とする一方で，免税組合員に対しては，従来のチケット換金手数料に加え消費税相当額として仕入税額控除に係る経過措置を考慮しない10%分の金額を徴収すること（以下「本件取組」という。）を検討している。

X協同組合の本件取組は，独占禁止法上問題となるか。

○本件取組の概要図

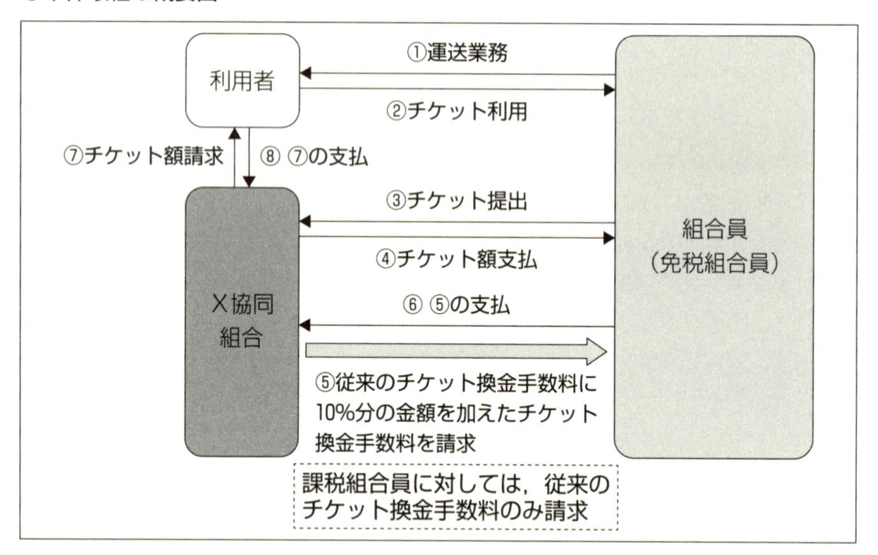

3　独占禁止法上の考え方

(1) 事業者団体が，事業者としての性格を併せ持つときに，自ら主体となって事業を行うに際して不公正な取引方法を用いれば，独占禁止法第19条の規定に違反する（事業者団体ガイドライン第2－6（不公正な取引方法））。

(2) 独占禁止法第2条第9項第2号若しくは一般指定第3項又は一般指定第5項関係

ア　事業者が，不当に，地域又は相手方により差別的な対価をもって，商品若しくは役務を供給し，又はこれらの供給を受けることは，不公正な取引方法（独占禁止法第2条第9項第2号又は一般指定第3項（差別対価））に該当する。

また，事業者団体若しくは共同行為からある事業者を不当に排斥し，又は事業者団体の内部若しくは共同行為においてある事業者を不当に差別的に取り扱い，その事業者の事業活動を困難にさせることは，不公正な取引方法（一般指定第5項（事業者団体における差別取扱い等））に該当する。

イ　利用者が免税組合員の運送業務を利用した場合，X協同組合は一定の範囲を超えて仕入税額控除ができないことから，利用者が課税組合員の運送業務を利用した場合と比較して，X協同組合の消費税の納税額が増加することになる。

経済活動において，取引条件の相違を反映して取引価格に差が設けられることは，広く一般にみられることであり，インボイス制度の仕組みにおける課税事業者か免税事業者の違いによって仕入税額控除が可能となる範囲が異なることに伴うコスト差をチケット換金手数料に反映することは，その結果，免税組合員へのチケット換金手数料の請求額が課税組合員への請求額より高くなるとしても，正当なコスト差に基づくものであるといえるため，免税組合員を不当に差別的に取り扱うものとまでは直ちに認められない。

しかしながら，本件取組は，X協同組合が前記の経過措置があるにもかかわらず，免税組合員に対しては，課税組合員のチケット換金手数料に加え消費税相当額として仕入税額控除に係る経過措置を考慮しない10%分の金額を徴収するものであり，正当なコスト差に基づくものとはいえず，免税組合員が正当なコスト差を超えた過大な負担を負うことにより課税組合員に比して競争上不利になると考えられる。

したがって，本件取組は，免税組合員を不当に差別的に取り扱うものであり，独占禁止法上問題となるおそれがある。

(3) 独占禁止法第2条第9項第5号関係

ア　自己の取引上の地位が相手方に優越していることを利用して，正常な商慣習に照らして不当に，取引の相手方に不利益となるように取引の条件を設定することは，不公正な取引方法（独占禁止法第2条第9項第5号（優越的地位の濫用））に該当する。

イ　X協同組合が，免税組合員に対して，インボイス制度導入に伴い一定の範囲を超えて仕入税額控除ができないことを理由に従来のチケット換金手数料の引上げを要請し，免税組合員の仕入れや諸経費の支払に係る消費税の負担を考慮した上で，双方納得の上でチケット換金手数料の水準を設定するのであれば，チケット換金手数料の決定方法として不当とはいえない。

しかしながら，本件取組は，X協同組合が前記の経過措置があるにもかかわらず，免税組合員に対しては，一方的に，従来のチケット換金手数料に加え消費税相当額として仕入税額控除に係る経過措置を考慮しない10%分の金額を徴収するものであり，独占禁止法上問題となるおそれがある。

4　回答

本件取組は，独占禁止法上問題となるおそれがある。

巻末資料４

インボイス制度の実施に関連した注意事例について

令和５年５月
公正取引委員会

１　趣旨

公正取引委員会は，インボイス制度の実施に際して免税事業者とその取引先との間で独占禁止法・下請法上問題となり得る行為について，令和４年１月，関係省庁と共同で作成した「免税事業者及びその取引先のインボイス制度への対応に関するＱ＆Ａ」（以下「インボイスＱ＆Ａ」という。）において独占禁止法・下請法上の考え方を明らかにしています。インボイスＱ＆Ａでは，発注事業者（課税事業者）が，免税事業者に対し，「課税事業者にならなければ，取引価格を引き下げるとか，それにも応じなければ取引を打ち切ることにするなどと一方的に通告することは，独占禁止法上又は下請法上，問題となるおそれがあります」（Ｑ７の６）との考え方を示しています。

今般，インボイス制度の実施に関連して，独占禁止法違反につながるおそれのある複数の事例が確認されたため，違反行為の未然防止の観点から，どういった業態の発注事業者と免税事業者との間でそうした事例が発生したかということに加え，事例を踏まえた独占禁止法・下請法上の考え方を明らかにしておくこととしました。

２　注意事例

一部の発注事業者が，経過措置(注)により一定の範囲で仕入税額控除が認められているにもかかわらず，取引先の免税事業者に対し，インボイス制度の実施後も課税事業者に転換せず，免税事業者を選択する場合には，消費税相当額を取引価格から引き下げると文書で伝えるなど一方的に通告を行った事例がみられました。

（注）免税事業者からの課税仕入れについては，インボイス制度の実施後３年間は，仕入税額相当額の８割，その後の３年間は同５割の控除ができることとされています。

このため，公正取引委員会は，以下の発注事業者に対し，独占禁止法違反行為の未然防止の観点から注意を行いました。

【注意した事業者の業態及び取引の相手方】

注意した事業者の業態	取引の相手方
イラスト制作業者	イラストレーター
農産物加工品製造販売業者	農家
ハンドメイドショップ運営事業者	ハンドメイド作家
人材派遣業者	翻訳者・通訳者
電子漫画配信取次サービス業者	漫画作家

3　独占禁止法上又は下請法上の考え方

取引上優越した地位にある事業者が，経過措置により一定の範囲で仕入税額控除が認められているにもかかわらず，取引先の免税事業者に対し，インボイス制度の実施後も課税事業者に転換せず，免税事業者を選択する場合に，消費税相当額を取引価格から引き下げるなどと一方的に通告することは，独占禁止法上問題となるおそれがあります。また，下請法上の親事業者が，経過措置により一定の範囲で仕入税額控除が認められているにもかかわらず，取引先の免税事業者である下請事業者に対し，インボイス制度の実施後も課税事業者に転換せず，免税事業者を選択する場合に，消費税相当額を取引価格から引き下げるなどと一方的に通告することは，下請法上問題となるおそれがあります。

【想定事例】

○　発注事業者（課税事業者）が，経過措置(注)により一定の範囲で仕入税額控除が認められているにもかかわらず，取引先の免税事業者に対し，インボイス制度の実施後も課税事業者に転換せず，免税事業者を選択する場合には，消費税相当額を取引価格から引き下げると一方的に通告した。

（注）　免税事業者からの課税仕入れについては，インボイス制度の実施後３年間は，仕入税額相当額の８割，その後の３年間は同５割の控除ができることとされている。

➢ それ，**独占禁止法上又は下請法上問題**となるおそれがあります！

発注事業者（課税事業者）が，経過措置により**一定の範囲で仕入税額控除が認められているにもかかわらず**，取引先の免税事業者に対し，**インボイス制度の実施後も課税事業者に転換せず，免税事業者を選択する場合**に，**消費税相当額を取引価格から引き下げるなどと一方的に通告**することは，独占禁止法上又は下請法上問題となるおそれがあります。

【著者紹介】

向笠　太郎（むかさ　たろう）　担当：第1章・第3章

2003年　上智大学法学部国際関係法学科卒業
2009年　上智大学法科大学院修了
2010年　弁護士登録
2011年　岡村綜合法律事務所
2018年　東京国税不服審判所勤務（国税審判官）
現　在　弁護士法人日本クレアス法律事務所

〈主な著作〉

『要件事実で構成する相続税法』（共著，中央経済社，2023年）
『対話でわかる租税「法律家」入門』（共著，中央経済社，2024年）
「平成23年国税通則法改正と調査手続の瑕疵を理由とする課税処分の取消し」月刊税理66巻10号156頁（2023年）
「滞納税額がある債権者からの債務免除―第二次納税義務における現存利益について―」税務弘報71巻9号141頁（2023年）
「実質所得者課税原則に基づく判断の結果納税者が勝訴した事例」週刊T&Amaster1002号13頁（2023年）
「租税分野における私法関係（契約関係）の重要性―南御堂参道事件を題材に―」週刊T&Amaster1026号12頁（2024年）

石川　哲平（いしかわ　てっぺい）　担当：第2章

2007年　慶應義塾大学商学部商学科卒業
2010年　慶應義塾大学法科大学院修了
2013年　弁護士登録
2014年　岡村綜合法律事務所
2017年　公正取引委員会事務総局審査局管理企画課企画室
2019年　公正取引委員会事務総局審査局訟務官付
現　在　岩田合同法律事務所パートナー弁護士

〈主な著作〉

『金融機関の法務対策6000講』（共著，金融財政事情研究会，2022年）
『最新・株主総会物語』（共著，商事法務，2022年）
「業種別にみる「書面調査」対応のポイント」ビジネス法務22巻7号28頁（共著，2022年）
「AIがもたらす競争法への影響―デジタルカルテルからデジタル時代に要請されるコンプライアンス体制まで―」知財管理71巻12号1571頁（共著，2021年）
「新商事判例便覧」旬刊商事法務2276号～（共著，連載，2021年～）

免税事業者との取引条件見直しの実務
独禁法・下請法・フリーランス法への対応

2024年10月30日　第１版第１刷発行

著者　向笠太郎
　　　石川哲平
発行者　山本継
発行所　㈱中央経済社
発売元　㈱中央経済グループパブリッシング
〒101-0051　東京都千代田区神田神保町1-35
電話　03（3293）3371（編集代表）
　　　03（3293）3381（営業代表）
https://www.chuokeizai.co.jp
印刷／昭和情報プロセス㈱
製本／㈲井上製本所

ISBN978-4-502-52511-7　C3034